【ニッチ市場】×【強み】で
独自の経営戦略を導き出す

SWOT分析
コーチング
メソッド

株式会社アールイー経営 代表取締役 嶋田 利広

マネジメント社

はじめに

　「SWOT分析」と聞いて、なにを連想されるでしょうか。「聞いたことはあるけど、そもそもSWOT分析で何ができるの？」「えっ、いまさらSWOT分析なんて古いでしょ…」と思っている方は、SWOT分析の本当の威力をまだ知らない人たちだと思います。

　正しい方法と手順、それに本当のノウハウを活用してSWOT分析を行えば、
- 経営者や従業員がワクワクするような戦略が生まれるSWOT分析
- 潜在的な強みが発見できるSWOT分析（会社の強みは眼で見える部分だけではない）
- 業界のあるべき論・一般論での対策ではなく、自社独自の固有の対策がわかるSWOT分析

を経験することができるはずです。

　これは決して大風呂敷を広げているわけではありません。これまでの筆者の経験から得た率直な意見なのです。

　筆者が企業などのコンサルティングを行うなかで、「SWOT分析」を活用するようになってすでに15年以上になります。初めの頃はほとんど教則本もなく、アメリカで開発された、この大手企業向けの戦略構築メソッドのような手法を見様見真似でやっていたものです。正直、当初の活用ではあまり成果を出せなかったように思います。筆者の多くのクライアントは中小企業でしたから、経営実態にそぐわないその手法に違和感をおぼえたものです。

　SWOT分析は、たしかにすべての組織や会社にそのまま使えるものではありません。しかし、さまざまな工夫を凝らして使ってみると、その効果は抜群でした。これまで、このような思いで、筆者なりにいろいろ試行錯誤を重ねながら「中小企業や小規模事業所に合ったSWOT分析」を工夫してきたつもりです。気がつけば、筆者が**企業や組織で指導してきたSWOT分析の導入も100余りを数えるほどになりました。「日本で最も多くのSWOT分析を経験したコンサルタント」**といってもよいぐらいの自負はあります。

　これまでの経験をベースに関連図書も2冊ほど出版することができました。2009年には『中小企業のSWOT分析―会計事務所とつくるノウハウと実例』（共著、マネジメント社刊）を上梓、また2010年に刊行した『SWOT分析による経営改善計画書作成マニュアル』（同）は、ビジネス・プロフェッショナルの教科書ともいうべき『日経ビジネスAssocie（アソシエ）』（日経BP）において、数あるSWOT分析関連図書のなかで唯一取り上げていただくことができました。お陰さまで、講演や雑誌などで

「中小企業のSWOT分析の第一人者」と紹介されることもあります。

　最近では、SWOT分析の効果が知られるようになり、中小企業でも取り組むところが多くなりました。また、企業だけでなく、地方公共団体や第3セクター、観光協会やNPO法人などの各種団体、病院・介護施設等にまで、その手法は広く知られるようになっています。先に紹介した拙著以外にも、多くのSWOT分析関連書籍が出版され、Web上では、いろいろなサイトがSWOT分析の情報提供をするようになってきました。

　さて、20年近く続いたデフレ経済と国内マーケットの縮小、オーバーストア状態は、企業を「勝ち組」と「負け組」に分けました。勝ち組とまではいかなくとも、負け組にならないために、今の延長線上の経営努力では如何ともしがたく、新たな事業への進出や商品・顧客の絞り込み、差別化など、いろいろな経営戦略に取り組んでいる中小企業は多いはずです。しかし、長年苦しんでいるだけに、闇雲に商品戦略や顧客戦略の改革を行えば、かえってダメージが大きくなってしまい、経営を圧迫するものです。自社の事業に先はないと思い込み、新たな分野に打って出ようとするものの、その多くは失敗に終わっている例を数多く見てきました。

　失敗した原因は明らかです。それは、客観的な視点で、事業の絞り込みや戦略立案が行われていないからです。戦略ドメインを明確に特定せずに、期待と不安半々で「やってみようか…」と船出するものの、その多くが「傷が小さいうちに、早めに撤退しよう」という結果に終わるのです。

　新たな事業戦略を構築しようとするときには、冷徹な分析が必要になります。自社の経営資源（人、物、金、情報）はどれくらいのものなのか、既存の事業に将来性はあるのか、新規事業はどの分野にすべきか…、漠然とした感覚ではなく、数量的データだけでもなく（もちろん必要なのですが）、"真実の姿"をさらけ出さなくてはならないのです。これには、トップを含め幹部スタッフ、実践部隊が総力をあげて取り組まなくてはなりません。その作業に最も有効な手法が「SWOT分析」なのです。

　経営戦略の分析ツールとしては、SWOT分析以外にも「PPM分析」や「コアコンピタンス」、「5フォース分析」などいろいろな手法がありますが、SWOT分析は中小企業にも使い勝手がよく　わかりやすい手法であることから取り組みが増えているのではないかと思います。しかし、SWOT分析が広まったことで、怪しい"SWOT分析もどき"が出回るようになり、筆者も危惧しているところです。

　"SWOT分析もどき"については後述していますが、戦略分析ツールは使いようによって結果がまったく異なってくるので、手法自体の良し悪しがどうのこうのではなく、どんな手順やどんなノウハウと経験、どんなファシリテーターが行っているかが非常に重要です。「答え」を押しつけるようなコンサルタントの「SWOT分析コーディネーター」からは、本来の気づきや可能性は生まれません。**必要とされるのは、コー**

チングを行えるSWOT分析コーディネーターやコーチなのです。
　SWOT分析に必要なコーチングとは、固定観念をもたずに、ニュートラルな状態で臨ませてくれることです。固定観念が強い経営幹部や外部のコンサルタントでは、「企業経営者や従業員がワクワクするような納得のいく固有戦略」は生み出すことはできません。

　このように、本書で筆者がお伝えしたかったこと、現段階におけるSWOT分析のテーマは「SWOT分析のコーチング」です。そして本書は、中小企業をベースとしたSWOT分析三部作の完結版として上梓したつもりです。
　本書においても、前2作がそうであったように、「誰でもわかるように、また、どのような企業・組織でも取り組めるように具体的な手法と手順を示し、実例を交えて明らかにすること」を編集方針としています。
　SWOT分析を有効活用し、自社独自の「差別化された固有の戦略」を生み出していただければと思います。本書がその一助になるのであれば、著者としてこれほどの喜びはありません。

2014年7月15日

嶋田利広

Contents

【ニッチ市場】×【強み】で独自の経営戦略を導き出す　SWOT分析コーチング・メソッド

はじめに　3

Ⅰ　SWOT分析はなぜ有効に作用するのか ―――― 11

1. 事業構造を根本から変えたいならSWOT分析が急務 ―――― 12
2. 「ワクワクする新戦略」なら構造改革も前進する ―――― 12
3. 本来のSWOT分析の考え方 ―――― 13
4. SWOT分析はこんな企業に「答え」と「方向性」を導き出す ―――― 14
5. コンサルティングの基本はSWOT分析 ―――― 16
   (1) バランスのよい現状認識のツール　16
   (2) 「納得」がベースのSWOT分析　17
6. SWOT分析に必須のスキル「コーチング」―――― 18
   (1) 「コーチングスキル」がSWOT分析の始まり　18
   (2) 「聞き出す」ことを最優先し、「指導しない」ことがコツ　19
   (3) 経営戦略に携わりたいなら「SWOT分析コーチング」　20
7. SWOT分析―6つの具体的なメリット ―――― 20

Ⅱ　目的によっていろんな種類があるSWOT分析 ―――― 23

1. 経営戦略のためのSWOT分析 ―――― 24
   (1) 目的を絞り込んで行うほうが効果的　24
   (2) オーソドックスなSWOT分析の概観　24
      ■SWOT分析の目的別対処法一覧表　25
   (3) クロス分析で「4つのゾーン」をあぶり出す　26
2. 重点商材対策のためのSWOT分析 ―――― 27
3. 重点顧客対策のためのSWOT分析 ―――― 28
4. 新商品開発のためのSWOT分析 ―――― 29
5. 新規事業のためのSWOT分析 ―――― 30
   ■SWOT分析・クロス分析（経営戦略立案）　32
   ■SWOT分析・クロス分析（重点商材の営業戦略立案）　34
   ■SWOT分析・クロス分析（重点顧客対策の営業戦略立案）　36
   ■SWOT分析・クロス分析（商品開発　仮説づくり）　38

■ SWOT 分析・クロス分析（新規事業プランニング） *40*

SWOT Column ① : 己を知る「パーソナル SWOT 分析」——————— *42*

Ⅲ　SWOT 分析の間違った進め方 ——————————————— *43*

　1．クロス分析がない SWOT 分析 ————————————————— *44*
　2．教科書どおり「S・W・O・T」の順で進める愚 ————————— *44*
　3．PEST、3C、5 フォースのマクロ分析でリアル感がない ————— *45*
　4．「よい点」と混同した曖昧な「強み分析」————————————— *48*
　5．目に見えるものしか「強み」にできない ————————————— *49*
　6．「弱み」と「脅威」に時間を割いて自信をなくしてしまう ———— *49*
　7．優先順位をつけないクロス分析 ————————————————— *50*
　8．クロス分析による「対策」で概算数値を出さない ———————— *51*
　9．客観的なファシリテーターがいない SWOT 分析検討会 ————— *51*
　10．クロス分析の戦略が具体的な名詞で記載されていない —————— *52*
　11．クロス分析の結果をメンテナンス（検証）していない —————— *53*

Ⅳ　指導経験から得た SWOT 分析成功法則 ——————————— *55*

　1．SWOT 分析指導経験から得た教訓 ———————————————— *56*
　　(1) 最高責任者が必ず参画する　*56*
　　(2) コーディネーター次第で結果がまったく異なる　*56*
　　(3)「機会」「強み」は、ヒントがなければ意見は出ない　*58*
　　(4) クロス分析の各戦略は参加者がイメージできる表現にする　*58*
　　(5) あくまでも客観的な事実（相手都合）に基づいて議論する　*58*
　　(6) 皆が知っている業界の未来に振り回されない　*59*
　　(7) ネガティブ意見に屈しない　*59*
　2．コーチ、コーディネーター、ファシリテーターが肝に銘ずること ——— *60*
　3．意識を集中させるプロジェクターを使ったリアル書記 —————— *62*
　4．SWOT 分析成功の要点　準備〜検証 ——————————————— *63*
　　(1) ステップ 1：準備　*63*
　　(2) ステップ 2：SWOT 分析検討会　*65*
　　(3) ステップ 3：クロス分析　*73*
　　(4) ステップ 4：展開　*76*

(5) ステップ5：検証後再検討 ——————————————— 79

　SWOT Column ②：就活に効く「パーソナルSWOT分析」———— 81

　　■SWOT分析「機会」「可能性」分析シート　*82*
　　■SWOT分析「強み」分析シート　*83*
　　■SWOTクロス分析作成　1日研修会のご案内　*84*
　　■SWOT分析・クロス分析　記入用シート　*86*
　　■SWOT分析・クロス分析の概念　*88*
　　■SWOT分析クロス分析　優先順位判断基準シート　*90*
　　■「積極戦略」「致命傷回避・撤退縮小戦略」アクションプラン　*92*

Ⅴ　新たな戦略が生まれた16業種SWOT分析の実例 ——————— 95

　①地域で2店舗を展開するファミリーレストラン………………… *98*
　　　―「強み」の横展開で新収益を生み出す
　　　■SWOT分析・クロス分析　記入シート　*100*
　②特定商業施設の実績が豊富な建設会社 ………………………… *102*
　　　―次世代の収益源の確保を目指す
　　　■SWOT分析・クロス分析　記入シート　*104*
　③事業多角化を模索するイタリアンレストラン ………………… *106*
　　　―顧客志向の「機会」を徹底検証
　　　■SWOT分析・クロス分析　記入シート　*108*
　④製造業機能とサービス業機能を兼ねた印刷会社 ……………… *110*
　　　―付加価値商品づくり
　　　■SWOT分析・クロス分析　記入シート　*112*
　⑤小規模住宅会社 ……………………………………………………… *114*
　　　―ハードで差別化できないなら、ソフト戦略で
　　　■SWOT分析・クロス分析　記入シート　*116*
　⑥ラーメン・チェーンのFC店（単店舗）………………………… *118*
　　　―FCから脱退し、独自性を追求
　　　■SWOT分析・クロス分析　記入シート　*120*
　⑦ネット直販中心の化粧品メーカー ……………………………… *122*
　　　―他社との差別化・個性化ワードを捻出
　　　■SWOT分析・クロス分析　記入シート　*124*

⑧地域特化型小規模酒造メーカー･････････････････････････････････ 126
　　　―顧客対象を大きく広げるためのSWOT分析
　　　■ SWOT分析・クロス分析　記入シート　128

⑨下請け主体の電気・空調設備業 ･･･････････････････････････････ 130
　　　―自力ビジネスを展開するためのSWOT分析
　　　■ SWOT分析・クロス分析　記入シート　132

⑩スーパーにテナントとして入っている鮮魚店････････････････････ 134
　　　―具体的な販売対策を立案するためのSWOT分析
　　　■ SWOT分析・クロス分析　記入シート　136

⑪総合老人福祉事業を展開する社会福祉法人･･････････････････････ 138
　　　―差別化対策と新収益源を目指したSWOT分析
　　　■ SWOT分析・クロス分析　記入シート　140

⑫昔ながらの地域小規模スポーツショップ････････････････････････ 142
　　　―特定カテゴリーのスポーツでの可能性を追求
　　　■ SWOT分析・クロス分析　記入シート　144

⑬卸部門と直営小売店を経営する青果店･･････････････････････････ 146
　　　―攻めの経営とリストラを同時実現したSWOT分析
　　　■ SWOT分析・クロス分析　記入シート　148

⑭大手量販店の意向に左右される家電配送サービス業･･････････････ 150
　　　―独自商品の直販をねらうSWOT分析
　　　■ SWOT分析・クロス分析　記入シート　152

⑮職員数10名程度の平均的な会計事務所 ･････････････････････････ 154
　　　―他の会計事務所にはない付加価値を求めたSWOT分析
　　　■ SWOT分析・クロス分析　記入シート　156

⑯介護療養病棟を中心にした老健併設型病院･･････････････････････ 158
　　　―組織対策と将来ビジョンづくりのためのSWOT分析
　　　■ SWOT分析・クロス分析　記入シート　160

SWOT Column ③：実例：就活パーソナルSWOT分析 ───── 162

Ⅵ　SWOT分析コーチングの要諦 ───────────── 163

1．一般のコーチとの違い ──────────────── 164
2．取りまとめの基本要件────────────────── 165
3．意見がつながる質問──────────────────── 166

4．「機会」の捻出を誘導する質問 ─── 167
5．コーチングしないコンサルタントの盲点 ─── 168
6．言い換える・集約する ─── 169
7．脱線状態から本題へ戻す ─── 169
8．最高責任者の意見の取り扱い ─── 170
9．文章力を磨く ─── 171
10．SWOT分析を提案する ─── 171
11．SWOT分析からモニタリング契約へ ─── 172
12．とにかく、明るく笑いながら議事進行 ─── 173

Chapter I

SWOT分析は
なぜ有効に
作用するのか

1. 事業構造を根本から変えたいなら SWOT 分析が急務

　わが国の経済環境には依然として閉塞感が漂っています。多くの企業や事業所で構造改革が叫ばれて久しいのは、読者の皆さんもご存じのとおりです。株式会社はもちろん、病院や介護施設、NPO 法人、公益法人、第 3 セクター、また行政機関でさえ、今のままの事業構造、これまでのやり方では未来がないと思っているはずです。

　著名なスポーツ選手や高収益企業に共通していること、それは**好成績（業績）を維持し続けるために、これまでのやり方を根本から見直す荒療治を経験している**ことです。しかし、「思いつき」や「独りよがり」で構造改革をしようとすれば、そのしっぺ返しは甚大で、構造改革以前よりも悪くなることが多いのです。**より冷静に客観的な分析をしてこそ、構造改革を成功に導くことができる**というものです。

　SWOT 分析という手法は、企業・事業所だけではなく、非営利組織や医療系・福祉系法人においても比較的、簡単に導入できる構造改革が立案できる分析ツールと言えます。

　筆者は、これまでの経営コンサルティングを通して、100 を超える事業所・部門の SWOT 分析を支援し、構造改革のお手伝いをしてきました。そのなかで、新たな収益源を見出した多くの事例も見てきました。SWOT 分析は、決して魔法のスキルではありませんが、正しい進め方・手順を理解し、その取り組みにワクワク感を醸成することができれば、大きな成果を出せる分析手法と言えるでしょう。

　本書では、読者のみなさんが知っている SWOT 分析の概念とは少し違う部分があるかもしれませんが、実際に筆者が体験してきた指導を通して、その事例から体得した実践ノウハウを余すところなくご紹介していきたいと思います。

2. 「ワクワクする新戦略」なら構造改革も前進する

　多くの経営者や経営幹部が、「今の状態ではダメだ。やり方を変えなければならない」と思っています。そして、現場での体験やセミナー、書籍やインターネットで集めた知識や情報から、その対策や手法についてもいくつかのヒントはお持ちのはずです。ところが、いざ取り組もうとすると、なかなか「できない」のです。

　その理由が「経営改革や具体策の知識がない」というのであれば、知識を習得すればできるはずです。しかし、構造改革への取り組みは「知識はあってもできない」から、たちが悪いのです。なぜでしょうか。

　それは、「**理論的には正しい改革路線であり、戦略や戦術もわかっている……でも、**

それを行うことが楽しくない」からです。要は、「ワクワクしない」からなのです。頭ではわかっていても、しょせん人間は感情の動物ですから、「心からやりたい」と感じなければ、行動に移せないのです。「寝食忘れて没頭する」というのは、理屈で行動しているのではなく、楽しくて、やりたくて、気づかないうちに頑張っている状態を言います。

会社の経営改革でも同じことが言えます。何をなすべきかということが理論的にもわかっているし、それが合理的なことであることもわかっています。しかし、**その行動を起こせるかどうかは、経営改革の努力を「楽しくできるか」、その結果が「ワクワクするものか」ということにあります**。ワクワク感のない戦略や対策は、心が燃えません。したがって、取り組みも尻すぼみになっていくのです。

詳しいことは後述しますが、SWOT分析の最大のポイントは、「外部環境の可能性」と「自社の強み・自信があること」を掛け合わせ、「積極的に進める戦略」を決めることにあります。

ですから、その取り組み、戦略は、必然的に「楽しいこと」にならなければならないのです。希望がもてる対策だからこそ、ワクワク感が醸成されるのです。

「あまり乗り気ではないけれど、仕事だからやる」といった消極的な義務感からもたらされる対策であってはいけません。義務感から継続的な行動に移せる人は、そう多くはないのです。

3. 本来のSWOT分析の考え方

SWOT分析は、1960年代にアメリカで、企業評価のための戦略ツールとして、スタンフォード大学の研究プロジェクトとしてアルバート・ハンフリー氏によって開発された手法です。

SWOT分析とは

自社の内部要因である「強み」(Strength) ＝ S
自社の内部要因である「弱み」(Weakness) ＝ W
外部環境で今後の可能性やチャンスを示す「機会」(Opportunities) ＝ O
外部環境で今後のリスクや厳しい状況を示す「脅威」(Threat) ＝ T

↓

各要素の頭文字から「SWOT分析」という

さらに「クロス分析」を行い、それぞれの外部環境と内部要因を掛け合わせて、その企業固有の戦略を立案します。

クロス分析の4つのカテゴリー

O×S（機会×強み）
＝ 積極戦略（今後の可能性・チャンスに、自社の強みを活かした戦略）

T×W（脅威×弱み）
＝ 致命傷回避・撤退縮小戦略（今後の脅威やリスクがあるのに、自社の弱みが災いして、危険な状況になっている。それを打開するための戦略）

O×W（機会×弱み）
＝ 改善戦略（今後の可能性・チャンスがあるのに、弱みがネックになっているので、それを改善してチャンスをつかむ戦略）

T×S（脅威×強み）
＝ 差別化戦略（今後の脅威があり、他社も手を引く可能性があるので、自社の強みを活かして徹底した差別化を行うナンバーワン戦略）

　すでに SWOT 分析を経験されたり、学習されている方には、2 番目の戦略は「脅威」×「弱み」＝「専守防衛または撤退」ではないか、との疑問があるかと思います。筆者が提唱しているものも意味は基本的に同じなのですが、専守防衛や単に撤退という表現がしっくりこなかったので、筆者のオリジナルで「致命傷回避・撤退縮小戦略」としています。

　一般に知られている SWOT 分析は、「バランススコアカード（BSC）」という経営戦略構築評価システムのツールの一環として使われることが多いようです。ここでは BSC の詳細は割愛しますが、中小企業にとってはなかなか難しい手法です。筆者も経験的に途中で挫折したケースをたくさん知っています。そのため、実際には BSC はあまり使われておらず、SWOT 分析のエキスのみが使われたことから、いろいろな事業所で広まったと考えられます。

4. SWOT はこんな企業に「答え」と「方向性」を導き出す

　SWOT 分析が必要な事業所とは、どんな事業所でしょうか。SWOT 分析の最大の目的は、「マーケットの可能性を考えながら、自社の強みをぶつける戦略を導き、事業収益の拡大とともに構造改革を図る」ことにあります。したがって、現在危機に瀕

している企業・事業所はもちろん、今がよくても将来が不透明な事業所でもSWOT分析は有効となるはずです。

　まずは下記に該当する企業や事業所は、すぐにでもSWOT分析を実施し、自社独自の「固有の戦略」を立てるべきでしょう。

① 現在の商品や顧客では、今後もジリ貧・赤字が続き、業績の回復が見込めない

② 商材自体はニーズもあり一気に減少することはないが、顧客戦略や売り方に問題があり、なかなか売上拡大が望めない

③ 今の取扱商品の構成や特定商品・サービスへの依存度を大幅に見直し、顧客ニーズに合った新商材に取り組まないと、中期的には厳しい業績になりかねない

④ 今の顧客構成の比重を大幅に見直し、新たな顧客層や取引口座を増やさない限り、中期的には厳しい業績になりかねない

⑤ 貢献度の低い商品（低売上・低利益）があるのに、思い切った決断ができず、合理的な理由もないまま維持して、業績の足を引っ張っている

⑥ 貢献度の低い顧客や手間のかかる顧客（売上も利益も少なく、非効率的な顧客）に対して、過去の付き合いなどから思い切った決断ができず、合理的な理由もないまま維持して、効率性や収益性の足を引っ張っている

⑦ 「積極的に伸ばさなければならない商材」があるとわかっているのに、諸事情があることから、思い切った投資や人材配置などの積極戦略に踏み込めない

⑧ 中期的には厳しくなる一方の外部要因（市場環境、競合状況、価格競争等）があるのに、「ああでもないこうでこない」と口先ばかりで、新たな戦略になかなか舵を切れない

⑨ 中期計画やビジョンが、根拠のない希望的な観測数値、「こうなったらいいなあ」という淡い思いで出来上がっている

⑩ 将来に向けて、希望がもてる具体的な方針や積極戦略がないので、中期ビジョンを明示できず、将来が不安なはずなのに、具体的に声を上げ、リスクをとって行動しようとする経営陣も幹部もいない

⑪ 金融機関からリスケ（返済猶予）を受けて、その度に計画どおりにいかず、今度こそ本当に「実現可能性の高い抜本対策」の入った経営改善計画書を出さなければならない状況にある

⑫ 後継者に将来の夢と希望をもたせるための戦略を一緒に考える機会がなく、このままなら後継者も「承継したくない」と考えている

⑬ 後継者・幹部には、数字の厳しさはいつもやかましく言っているが、外部環境や内部要因のリアリティある事実を理解させ、真剣に将来の対策を考えさせ

>   る教育をしていない
> ⑭ 新規事業や周辺業務の拡大を図りたい意思はあるが、具体的な分析や根拠ある検討をしていない
> ⑮ 経営者にはいろいろなアイデアや考えがあるが一貫性がなく、社内がまとまっていない
> ⑯ 儲かりそうな商売や商品があればすぐに飛びつくが、長続きせず、失敗することが多く、結果を残すことが少ない
> ⑰ 経営者自身、何に集中して取り組むべきかが見えず、モチベーションも行動力も落ちている
> ⑱ 業績不振の理由を幹部や社員への行動力や精神論とし、それを叱咤激励で片付けようとしている

　もし、この 18 項目のうち 1 つ、もしくは 2 つにでも該当するようでしたら、間違いなく SWOT 分析が必要な企業と言えるでしょう。

　現在の企業経営においては、「**何かを実行して失敗するリスク**」よりも「**何もしないリスク**」のほうが高いと言われます。SWOT 分析は、思い込み、思いつき、無計画、成り行き、行き当たりばったり、で行動することを否定していますので、「無謀なリスク」には当たりません。そうであるなら、可能な限り早く着手し、まずは検証作業を優先して実施すべきでしょう。

5. コンサルティングの基本は SWOT 分析

(1) バランスのよい現状認識ツール

　本書を読んでいる方のなかには、コンサルタントや会計事務所職員、経営指導員などコンサルティングを業務の一環にしている方もいることでしょう。

　本項では、そのような専門家向けに SWOT 分析支援のあり方について述べたいと思います。同時にそれは、SWOT 分析の指導を受ける側にとっても有益なことであると言えるでしょう。

　筆者がコンサルティングを行うとき、必ず「現状認識」することから出発します。現状認識を「経営診断」と呼ぶ場合もありますが、最初の現状認識を間違ってしまうと、コンサルティング内容も筋道をはずれてしまい、効果どころか、マイナスに作用しかねません。現状認識を見極めることはたいへん重要なことなのです。

　しかし実際には、この現状認識（経営診断）をチェックリストによるヒアリングや調査のみで行うコンサルタントが多いのです。これはとても危険なことだと感じてい

ます。というのは、コンサルタント側の価値基準に影響されたヒアリングや回答が優先されることが多くなり、どうしても「指導」の域を出ないからです。

　SWOT分析は現状認識ツールとしても有効です。それは、「外部環境」と「内部要因」を客観的に分析し、しかも議論を通じて、**経営陣や幹部が自社の課題・問題点に気づき、対策案が出るように導くことができる**からです。コンサルタント主導の指導とは大きな違いがあるのです。

　コンサルティングの手法によってさまざまな現状認識ツールがありますが、筆者のこれまでの経験則から言えば、SWOT分析はもっともバランスのとれた現状分析ツールのように思います。とくに中小企業や中堅企業の現状認識にはうってつけです。

　蛇足になりますが、読者のみなさんがコンサルティングを導入する際に、ぜひとも知ってほしいことがあります。

　「現状認識をしないコンサルタントのアイデアや業種ノウハウの切り売り指導は、百害あって一利なし」ということです。これは断言できます。

　同じ業界であっても、企業にはそれぞれ固有の生い立ち、組織などの風土、そして現在おかれている経営状況があり、コンサルタントの「業界ノウハウ」と「他社事例の導入」だけで経営改善ができるほど甘くはないと思うのですが、いかがでしょうか。

(2)「納得」がベースのSWOT分析

　平成25年3月に終了した「中小企業金融円滑化法」によって、経営改善計画書の作成を前提に、金融機関からリ・スケジュール（返済猶予）による救済措置を受けた中小零細企業も多かったと思います。ところが、**経営改善計画書どおりの実績をあげることができず、再提出を繰り返しながら返済の緩和措置を継続している企業もいまだに多いようです**。経営改善計画書自体に問題があったと言わざるをえません。

　どういうことかと言うと、経営改善計画書が該当企業の実態に合っていない形式的なもので、経営者が納得しないまま、金融機関やコンサルタントに言われるがまま作成したためです。したがって、経営者はじめ幹部が本気で行動しようという気にならなかったからです。しかし、経営改善計画書を作成した金融機関や認定支援機関からは、「冗談じゃない、あれだけヒアリングして、一緒に作成したのに……」と言われるかもしれません。

　どちらが悪いかではなく、そのヒアリングで経営者の本気を確認したかどうかが問題なのです。もし、そこで正しいSWOT分析をしていたなら、経営者は自分の頭で考え、自ら客観的な分析をしたことでしょう。自分で出した結論や計画なら、その実行度は格段に上がるものです。SWOT分析を一緒に検討すれば、「納得」する可能性が極めて高いのです。

　「納得」は義務感からは生まれません。SWOT分析で導き出された「納得」は、や

りたいという気持ちにつながっていきます。**ワクワク感のあるSWOT分析をすれば、そこから生まれた戦略は「やりたい」という気持ちにつながります**。したがって、経営者も幹部も行動する確率が高くなるのです。ワクワク感が湧いてこないのは、自分たちで考えた計画書ではないから、自分たちの思いが入っていないからなのです。

しかし、このような経営者でも、SWOT分析のコーチングで上手に質問され、気づきにつながるヒアリングをされたのであれば、「やりたい戦略」として納得したはずなのです。ここがコンサルタントの経験と力量が問われる局面と言えるでしょう。

6. SWOT分析に必須のスキル「コーチング」

(1)「コーチングスキル」がSWOT分析の始まり

SWOT分析は、コンサルタントのような専門家から、指導という形で、受け身でしてもらうことだと思っている人が多いようです。しかし、その企業の現場で働いていないコンサルタントが、SWOT分析の「機会」「脅威」「強み」「弱み」の具体的な中身、固有の枝葉末節までわかるはずもないのです。**一般的な業界ノウハウを知っていることと、その企業の内部事情に精通していることとはまったく別物です**。訳知り顔でSWOT分析の講釈を垂れているコンサルタントは、はなはだ疑問です。

まず、胆に銘じていただきたいのは、「**会社の事情を一番知っているのは経営者であり幹部である**」ということです。コンサルタントがその経営者や幹部以上に、その企業や事業の本質を知っていることはありません。したがって、コンサルタントに依頼したSWOT分析の指導では、経営者や幹部から必要な情報を聞き出すために議論したり、その議論の方向性をコントロールするファシリテーターとしての能力がコンサルタントには求められるのです。

ファシリテーターとは、会議や検討会において、議論が深まるよう適宜議論に介入したり、議論がスムーズに進むよう調整したりまとめたりする人のことを言います。通常の司会進行役よりも会議の内容にかかわる度合いが強いと言えます。

ここで必要なファシリテーターの能力とは、SWOT分析の専門的な知識以上に「コーチング能力」と言われるものです。コーチング・スキルがあれば、「市場の動きや隠れたニーズ等、いろいろな機会や可能性」「経営資源として活用可能な"隠れた強み"」も聞き出すことができるはずです。また、SWOT分析を行う企業の参加者に「楽しいワクワク感」を演出できなければ、「自由発想」や「喜びの戦略」は生まれてきません。

逆に、業界知識があり過ぎて、「**決めつけた聞き方**」や「**アドバイスをしたがる**」コンサルタント（ファシリテーター）は、SWOT分析の指導には向いていないと言

えます。もっと言えば、コンサルタントとしての経験や専門的な知識がなくても、コーチング・スキルがあり、ヒアリングや意見の洗い出し、考え方の整理ができるのであれば、SWOT分析の指導は可能だということです。

(2)「聞き出す」ことを最優先し、「指導しない」ことがコツ

　ここでは、コンサルタントや会計事務所職員などの経営指導の専門家の方にお伝えしたいことを述べていきます。

　SWOT分析の検討会で、「機会」を聞く場合、「今後、可能性がある分野、伸びる分野は何ですか」と単刀直入に聞く人がいます。このような総論的な質問で、ピンポイントで答えられる人は多くいません。このような総論的な質問を何回も繰り返していると、経営者や幹部から「それがわからないからSWOT分析の指導をお願いしているのではないか」といった不満が出て、検討会の空気が一変してしまうかもしれません。

　じつは、筆者も当初そういう不満をストレートに言われ、冷や汗をかいた経験があります。**検討会では、相手に答えやすい質問をして、「機会」を聞き出すことが大事**なのです。ですから「**コーチング・スキル**」**が必須**です。コーチングといっても、型どおりの標準的な質問を繰り返していては、相手の本心や気づきは引き出せません。いろいろな角度から問いかけ、その答えや判断した背景、なぜそう思ったのかを拾い出すことで、徐々に自分のイメージができてくるのです。

　検討会では、PEST分析や3C分析、5フォース分析などのマクロ分析を活用（後述）することで相手の答えを導き出すという方法もありますが、そのためには、ある程度の知識レベルが求められるかもしれません。普通の中小零細企業の経営者や幹部には、入口としては難しい質問になる場合が多いでしょう。

　なかには、「このような【機会】がありますが、どうでしょうか」などと、答えを先に示すコンサルタントがいます。たしかに相手は「なるほど」とうなずくかもしれませんが、これでは納得しているとは限りません。答えを教えたがるコンサルタントは、聞き出すことよりも指導すること、教えることに比重を置くので、SWOT分析も中途半端に終わってしまうのです。

　こういった問題を整理、解決したのが、**筆者の独自ノウハウである**「**機会30のタラレバ質問（ヒント）**」です。詳細は後述しますが、**具体的な事例や例え話を示した後に、質問をして聞き出す努力をすれば、相手も答えやすいはずです。**

　本質的なことを言えば、専門的な知識や経験がなくても、コンサルタントを使わなくても、段階別に1つひとつ「聞き出すこと」を念頭においたヒアリングをしていけば、SWOT分析はなんとか形になっていくものなのです。

　実際に、経営者から自社で進めたいというニーズが多くあったことから、筆者は

SWOT分析教材（DVD）を開発して、そのような企業の要望にも応えるようにしています。自社でできるのであれば、それがもっともよい方法です。

(3) 経営戦略に携わりたいなら「SWOT分析コーチング」

　コンサルタントや会計事務所などの専門家が経営者のためにいろいろなサービスを提供するなかで、経営に関する相談はもっとも多いものです。コンサルティングでは「ヒト・モノ・カネ・カンリ」など、さまざまな質問が飛び交います。経営者は未来を考える人たちです。起こってしまった問題の処理や済んだことへの形式的な業務にはあまり費用を払いません。しかし、これから起こる未来への対策や人材投資にはそれなりの費用を払う覚悟はあるようです。

　筆者は知人の特定分野のコンサルタントからよく相談を受けることがあります。彼は営業研修ではとても優秀なコンサルタントですが、研修だけのサービスラインアップに不安を抱いています。企業の経営顧問となって顧問料収入を得たいと思っているのですが、営業研修だけで終わるケースが多いというのです。彼がいくら経営戦略を提案しても、「先生には営業研修をお願いします。経営のほうは税理士に相談していますから」と言われるそうです。その経営者も業績管理、会計システム、資金繰り、銀行対策などについては税理士に相談しているはずですが、経営戦略の相談に対して、適切なアドバイスができる税理士はそうはいません。

　筆者からのアドバイスは、経営戦略にかかわろうと思うなら「社長、一度SWOT分析をしてみませんか。私がコーディネートしますから」と言ってみることです。SWOT分析は研修だけに終わらず、会議での意思決定やモニタリングもあり、継続的な支援を要求されやすいものです。SWOT分析を入口として、経営戦略に携わる機会をうかがうのです。もちろん、経営戦略についてしっかりとしたコンサルティングができる、ということが前提です。

7. SWOT分析—6つの具体的なメリット

　いろいろ有効だとされるSWOT分析の具体的なメリットや効果は何でしょうか。以下に整理してみました。

> ① 「経営改善計画書」の具体的な根拠となり、金融機関から評価される

　平成25年3月に終了した中小企業金融円滑化法以降も、倒産を防止するために金融機関から返済猶予のリ・スケジュールを受けている中小零細企業は多いはずです。

しかし、当初提出した**根拠なき数値計画だけの経営改善計画書が予定どおりの結果にならず、再提出を繰り返しているのが実態**ではないでしょうか。

金融機関は「実現可能な抜本対策」の経営改善計画書を求めていますが、帳尻合わせのコスト削減や撤退縮小を中心としたリストラ型の計画書が多く、実現可能な抜本対策の戦略や生き残るための具体策がない場合が多いようです。

SWOT分析なら、「機会」×「強み」=「積極戦略」に十分な時間を割けるため、将来の収支改善につながる根拠のある「未来が語れる計画書」の対策立案が可能になります。

今後、金融機関は、金融庁の監督指導のもと、いい加減な経営改善計画書を出す事業者や、フォームに書いただけの具体性のない計画書を提出するような、**再生の見込のない企業には廃業転業を促す措置をとっていく可能性が高い**でしょう。

> ② 客観的に分析することで「思い付き」や「独善」の戦略ではなく、合理性があるか確認できる

トップダウン型が多い中小零細企業では、経営者の思いつきと思い込みで戦略や投資が決まることが多いようです。カリスマ型の創業者にはこの傾向が顕著です。かつてはそれが功を奏した時代もありました。いわゆる「山を当てた」のです。しかし、冷静に分析してみれば、「右肩上がりの時代がよかった」だけなのです。

このような経営者の場合、新戦略導入後のリスク分析やデメリット分析、顧客ニーズ分析、社内で活用できる経営資源の**論理的な仮説検証**をしていないために、「自社に都合のよい条件」を並べているケースがあります。

とくに業績悪化が続いている企業経営者の場合、「焦り」があり、「自社に都合のよい条件」だけで、あたかも市場ニーズと思い込む傾向があります。「都合のよい機会」を並べ立て、「脅威」や「弱み」には目を伏せるのです。

しかし、SWOT分析であれば、「脅威分析」と「弱み分析」も同時に行うので、「そんなに自社に都合のよい条件があるはずがない」という認識をもつようになります。**SWOT分析は、「思い付き」や「独善」の防止にも有効**なのです。

> ③ どの戦略項目に重点的に投資すべきか、逆に抑える投資や費用がわかる

人材や資金の制約が厳しい中小零細企業で、複数の戦略や場面に資金投資や人員配置を行うことは不可能です。しかし、**SWOT分析・クロス分析から抽出された複数の「積極戦略」から優先順位を決めることで、「絞り込み」が可能**になります。また、「致命傷回避・撤退縮小戦略」を検討することで経営資源の分散を防ぎ、資金や人員、作業についても「引き揚げる項目」が明確になります。

> ④　自社の戦略を深く議論することで（SWOT分析の検討過程で）最高の後継者教育、幹部教育になる

　SWOT分析の検討会では、事業の将来性や将来のリスク、限られた経営資源の分配先など、参加者が忌憚なく本音で議論することによって客観的な分析が可能になります。筆者は、その議論の過程が、何よりも幹部教育になる姿を今まで何度も見てきました。「業績が厳しいから、ただ頑張れ」と言われても、なかなか尻に火がつかないものです。しかし、**SWOT分析検討会での議論で論理的に考えることで、現実の姿が理解できるようになり、本当の危機感の創出**につながっていくのです。

> ⑤　企業の新しい将来像、ビジョンが生まれ、将来へ向けてのモチベーションが高まる

　SWOT分析によって「積極戦略」が明確になり、将来像を具体的に描けるようになれば、「こういうやり方をすれば、また復活できる」と納得性が高まります。**今後よくなる可能性が見えるようになれば、幹部や従業員も、努力や我慢の甲斐があると考えるはずです。**SWOT分析は未来の可能性を見つけ出すツールでもあるのです。

> ⑥　経営者や部門責任者にとって「何に特化すべきか」「どこから差別化するか」が明確になる

　中小零細企業の場合、前向きな経営者はいつも「あれやこれや、何かいい方法はないか」と頭を悩まし、気を回しているものです（いろいろなことに手を出してヤケドをしてしまうのも、そのせいですが）。
　SWOT分析で、頭の中を整理し、「**重点集中項目**」がハッキリすることは、経営者自身のモチベーションアップにも大いに貢献できるでしょう。

Chapter II

目的によって
いろいろな種類がある
SWOT分析

1. 経営戦略のための SWOT 分析

(1) 目的を絞り込んで行うほうが効果的

　SWOT 分析は、一般的に経営全体を網羅して分析を行いますが、1つの SWOT 分析ですべての経営改善が可能かというと、それは少し強引です。事業を多角化している中小企業の場合、十把一からげに全体像で論じるのは、あまり意味がありません。なぜなら、**クロス分析時に戦略や作戦の具体性が欠落してしまい、抽象的な議論しかできない**からです。

　次ページの「Ⅱ－1　SWOT 分析　目的別対処法一覧表」を見てください。SWOT 分析は外部要因を「機会（O）」と「脅威（T）」、自社の内部要因を「強み（S）」と「弱み（W）」で分析検討するので、**2つ以上の事業やまったく異なる商材群を同時に行うとフォーカスしにくくなるのは当然**です。したがって、中小企業といえども、事業が多角化していれば、その事業ごとに SWOT 分析を行い、また商品自体が多角的な展開であるなら、それも商材群ごとに分析を行う必要があります。

　たとえば、飲食業者がラーメン店、とんかつ店、定食屋の3店舗を展開していれば、それぞれの店舗ごとに分析が必要になります。さらに顧客についても、その属性があまりにも異なる場合は、顧客種別（チャネル・地域）ごとに SWOT 分析が必要になってきます。同じ商品であっても、スーパーマーケットへ納入している場合と、専門小売店や小規模小売業者向けに納入する場合では、自ずと戦略が違ってきます。その意味では、主要顧客ジャンル別に分析を行うほうが戦略や対策は絞り込みやすいと言えます。

　もう1つ注意したいのは、「新規事業」を検討している場合の SWOT 分析です。これは本来なら、**新規事業に参入する前の検討段階において SWOT 分析を行い、その新規事業に乗り出すか否かの判断の参考にするのがベター**です。すでに参入した場合であっても、今後新規事業をどう成長させるかの戦略を決める意味では、やはり SWOT 分析は行うべきでしょう。

■シートⅡ－1　SWOT 分析　目的別対処法一覧表（右ページ）

(2) オーソドックスな SWOT 分析の概観

　SWOT 分析ではもっともオーソドックスなスタイルの「経営 SWOT 分析」の概要について説明します。小規模で事業が単体の場合や、メイン商材が1つの場合は、こ

■シートⅡ-1　SWOT分析の目的別対処法一覧

1	**事業が単体の小規模事業者** ●一般的な経営全般のSWOT分析を行う ●あまり細かくならない範囲で戦略を整理する ●3名未満の経営と現場に精通した参加者で行う	→ 通常の経営全般のSWOT分析
2	**同一商材で複数の店舗をもった法人** ●小売店チェーンや飲食店チェーン、サービス業チェーン等の同業のチェーン店が対象 ●ただし、地域戦略が必要な場合は、店舗毎にSWOT分析を行う必要性がある	→ 通常の経営全般のSWOT分析
3	**異なる商材で複数の店舗を持った法人** ●商材が異なる場合は、一緒に分析を行うと戦略が曖昧になりやすい ●全店舗を行うか、絞って行うかを検討したうえで、店舗毎にSWOT分析を行う	→ 店舗毎のSWOT分析
4	**1 法人内に複数の事業がある法人** ●同じ法人と言いながら、担当によってまったく異なる事業モデルの場合も一緒に検討すべきではない ●全事業を行うか、絞って行うかを検討したうえで、事業毎にSWOT分析を行う	→ 事業単位毎のSWOT分析
5	**特定商材・主要商材ゾーンの戦略を整理したい法人** ●経営全般ではなく、商材単位で行う場合もある ●この場合は顧客の動向やライバル商材との比較が分析には必要になる	→ 商材毎のSWOT分析
6	**特定顧客・主要顧客ゾーンの戦略を整理したい法人** ●経営全般ではなく、特定の顧客や見込み客ゾーンをターゲットに決めて戦略を整理する場合もある ●この場合はどれくらいその顧客や見込み客の情報を把握しているかが重要となる	→ 顧客毎のSWOT分析
7	**新規事業の戦略を整理したい法人** ●これから参入する予定の新商材や新規ビジネスに焦点を絞ってSWOT分析を行う場合もある ●新規事業の販売に対する戦略や具体策を整理することが中心となる	→ 新規事業のためのSWOT分析

れに該当します。検討過程の詳細は次章以降に述べますが、ここでは、どういうイメージで SWOT 分析とクロス分析が表現されるかを理解してください。

> - **最初に外部要因の「脅威」を検討する**
>   「脅威」では、自社の努力だけではどうすることもできない外部環境のマイナス要素を整理します。ただし手短かに行います。
> - **次に時間をかけて「タラレバ」で「機会」を抽出する**
>   市場や消費の動向、需要の動きを整理しますが、あまり難しく考えずに、「自社ができるかどうかにかかわらず、どういう分野が成長可能か」「どういうマーケットなら自社努力で何とかなるか」を導き出します。ここでは、とにかく十分に時間をかけてさまざまな可能性を検討します。ポイントは、「○○すれば、△△の機会になる」という「前向きなタラレバ」で考えることです。
> - **内部要因である「弱み」分析は手短かにする**
>   自社の「悪い点」の列挙ではなく、成長発展または改革を進めるうえでネックになっているポイントを整理します。これも手短かに検討し、あまり時間をかけてはいけません。
> - **感覚的・抽象的なものを排除した真の「強み」を考える**
>   同じ市場を狙うライバルや同業者と比較したときに、具体的に「機会」に活かせる「強み」を言います。ただし、一般的に言われる「よいところ」「よいだろうと思う」といった強みは、感覚的・抽象的なレベルなので、ここでは排除して考えることが必要です。

(3) クロス分析で「4つのゾーン」をあぶり出す

SWOT 分析から、具体的にどんな戦略や具体策を実施するかを決める重要な分析が「クロス分析」と言われるものです。具体的には、外部環境の「機会」「脅威」と、内部要因の「強み」「弱み」をそれぞれ掛け合わせて抽出したもので、固有の戦略、固有の対策はここで生まれます。

> - クロス分析では、最初に「機会」と「強み」が重なる「積極戦略ゾーン」を浮き上がらせて顕在化させます。市場が求め、今後の需要がある分野に自社の具体的な「強み」を活かして、戦略や具体策を導くことです。もっとも集中して検討するゾーンです。
> - 2番目は「脅威」と「弱み」が重なる「致命傷回避・撤退縮小戦略ゾーン」です。これは、今もこれらも需要や規制等でマイナスになり、かつ自社の「弱

み」があって、業績回復の見通しもなく、具体的な対応もできないゾーンです。リストラや事業規模の縮小、固定費大幅カット等の「致命傷回避・撤退縮小」の喫緊の対策が求められます。
- 3番目は「**機会**」と「**弱み**」が重なる「**改善戦略ゾーン**」です。市場も需要も可能性があるのに、自社の「弱み」がネックになっているので、この部分は、3か年ぐらいの中期で整えていく戦略や対策になります。
- 4番目は「**脅威**」と「**強み**」がリンクする「**差別化戦略ゾーン**」です。市場や需要はマイナスの状況にありますが、自社の強みを活かして圧倒的な差別化を図るか、またはあえて自社の強みがある分野ですが、市場の縮小に合わせて撤退するかの判断ゾーンです。同業者が撤退して市場優位の状態にもっていくなら、M&A（合併買収）等で規模の拡大が差別化になってきます。しかし、その市場自体に自社が努力する価値がなければ、逆に他社へ売却したり（会社ごと、あるいは当該部門）、または撤退することも戦略と言えるゾーンです。

　このクロス分析で賢明な判断をするには、最初のSWOT分析の「機会（O）」「脅威（T）」「弱み（W）」「強み（S）」でいかに本質的かつ現実的、具体的な検討ができるかがキーポイントになります。というのは、クロス分析が抽象的なもの、曖昧なもの、感覚論的なものに終始している場合、その原因はほとんどが最初のSWOT分析が抽象的だからです。**抽象的なSWOT分析・クロス分析では、行動計画も曖昧になり、現実に使えないものとなってしまいます。**

■シートⅡ－2　SWOT分析・クロス分析（経営戦略立案）……32～33ページ

2. 重点商材対策のためのSWOT分析

　重点商材のSWOT分析とは、取扱商品のなかで、**今後重点強化したい商材、今後の自社の存亡を決める商材等にターゲットを絞った分析**です。

- 「**脅威**」では、この商材自体の市場でのマイナス要因を整理します。商品が決まっているので、競合商品比較や市場の変化は検討しやすいはずです。
- 「**機会**」では、**この商材がどうすればさらに成長するかを整理**します。そこで、この機会検討には、「タラレバ分析」にすることを筆者は強く推奨しています。「○○すれば、この商材の販路が広がる」「○○したら、ライバル商材より優位になり、販売が増える」など、どういう「タラレバ」があれば、もっと販売が可能かを整理していきます。これは「機会分析」の共通認識と思って

- ください。
- 「弱み」は、競合商品と比較して、顧客の購買理由に対して、どういう「弱み」があるかを整理します。
- 「強み」も同じく、競合商品と比較しての「強み」となります。
- 次にクロス分析では、まず「積極戦略ゾーン」で「タラレバ」で出てきた可能性と自社の強みをリンクさせ、「勝ちパターン」の戦略や具体策を検討します。
- 「致命傷回避・撤退縮小戦略ゾーン」では、分析の結果「この重点商材では戦えない」と判断したら、その撤退策も考えなくてはなりません。その場合、代替商材の検討も含まれます。
- 「改善戦略ゾーン」では、「市場や需要が求める重点商材の可能性について自社の弱みをどう解決して取り込むか」がポイントです。ただ、重点商材に対しては、あまり時間をかけての「弱み」の改善は許されません。遅くても2年で弱みの解決につなげないと、重点商材が会社を救ってくれない可能性もあります。
- 最後の「差別化戦略ゾーン」では、この重点商材の「脅威」に自社の「強み」をどうぶつけて、「脅威」を防御するかの具体策を検討します。
- 重点商材は決まっているので、ここでのクロス分析では「売り方」などの販売戦術や、異なる顧客チャネルへの展開などが主要課題になってきます。

■シートⅡ-3　SWOT分析・クロス分析(重点商材の営業戦略立案)……34～35ページ

3. 重点顧客対策のためのSWOT分析

　重点顧客SWOT分析は、「主要顧客」にターゲットを絞るケースと、戦略的に強化したい「顧客チャネル」に絞るケースがあります。いずれにしても対象が明確なので、より深く、具体的に戦術や作戦が検討できます。

- 「脅威」は、その顧客との取引が厳しくなる外部要因です。新興勢力の勃興による顧客の衰退、顧客が市場での適応力を失うこともあります。
- 「機会」は、その顧客が外部要因で伸びる可能性があるということですが、ただ従来取引の延長で顧客が成長するのを待つだけでは「機会」の捻出は難しいでしょう。ここでも「タラレバ」分析を徹底します。「○○すれば、顧客シェアが高まる」「○○したら、顧客との取引商材が広がる」などの自社努力要素

- も、「機会」段階で深く検討します。
- 「弱み」は、この顧客を強化していくうえでの自社の「弱み」です。**一般的な弱みではなく、この顧客ターゲットの要望要求に沿って、自社が対応できていない事実を書き出します。**
- 「強み」では、同業他社のライバル企業と比較して、この顧客ターゲットに評価され、顧客シェアが上がるとしたら、どういう「強み」があるかを具体的に整理します。**他の顧客にとってはたいした「強み」が発揮ができなくても、この顧客ターゲットにとってはどうかがポイントになります。**ここではかなり絞った具体的な内容にします。
- クロス分析では、4つの戦略ゾーンは「重点商材SWOT分析」と同様ですが、顧客ターゲットを主語にした戦略・戦術や作戦を具体的に分析します。
- その顧客ターゲットへの対策は、「取引量の最大化」だけが目標ではありません。狙うのは「付加価値高の最大化」ですので、取扱商材の取捨選択や拡大縮小も含めたクロス分析を展開します。

■シートⅡ-4　SWOT分析・クロス分析（重点顧客対策の営業戦略立案）……36～37ページ

4. 新商品開発のためのSWOT分析

　新商品開発SWOT分析では、すでにテーマアップされた開発仮説があるケースと、開発テーマづくりから始めるケースがあります。

　テーマアップされているなら、それに対する「機会分析」は比較的容易でしょう。**基本は「市場や顧客がお金を出して買うかどうか」です。**メーカーとしてどんなにすぐれた製品だとPRしても、顧客がNOの反応を出せば、それは失敗です。「プロダクトアウト（生産者志向）」ではなく、「マーケットイン（顧客志向）」が重要なのは言うまでもありません。

　自社が思いついた新商品のアイデアが、もし現在の市場にないとしたら、「金鉱脈を見つけた」と喜ぶ人と、「なぜないのか、ない理由があるのではないか」と冷静に分析する人がいます。マーケットインを考える際には、現在の市場環境だけでなく、将来の市場動向、将来創造可能な市場ということも視野に入れるべきでしょう。市場を見る眼力、将来への想像力を働かせることが大切です。

- 「機会分析」では、両面から見ていきます。開発における「脅威分析」は、開発仮説が決まっている場合は徹底してやったほうがよいでしょう。楽観的な

観測を行うと取り返しがつかなくなります。いわゆるデメリット分析で、「**なぜ、その商品が必要ないと顧客が思うのか**」という分析になります。
- 「強み」「弱み」では、今の経営資源が新商品づくりに活かせるかどうかを見ます。開発の経営資源と言えば、資金力と人材力、設備力があるかどうかが「強み」「弱み」の一般的な見方です。しかし、すでに新商品仮説が決まっているなら、「新商品開発や販売に使える小さな強み」もあるでしょうし、「ネックになる弱み」もピックアップできます。
- 「積極戦略」では、仮説を立てた商品開発の「機会」に少しでも使えそうな「強み」をそれぞれ掛け合わせて、固有戦略を導きます。
- 「致命傷回避・撤退縮小戦略」では、仮説を立てた商品開発を中止したり、方向性を変えることになります。ここでは「すでに開発が進んでいるから、今さら止められない」とするなら、少しでも致命傷を回避できる具体策づくりに時間を割きます。
- 「改善戦略」は中期商品開発ビジョンとして、社内の環境整備に時間をとる対策となります。「差別化戦略」は、仮説を立てた商品開発に市場が合わないのなら、中小企業レベルが「強み」をぶつけてもあまり意味がありません。撤退すべきです。

■シートⅡ-5　SWOT分析・クロス分析(商品開発 仮説づくり)……38～39ページ

5. 新規事業のための SWOT 分析

　新規事業のSWOT分析は、計画段階の場合と、すでに意思決定し実行段階に入ったケースに大別されます。新規事業の計画段階なら、原則は「悲観的に準備する」ことが求められます。いかに悪い状況やシナリオが考えられるか、さまざまな「脅威」のケースを具体化することです。

- 「**機会**」についても、ある程度「**疑ってかかる**」必要があります。さまざまな可能性が出てきても、**多くの場合、代替商材があったり、「他社がその分野に踏み込まない理由」**が必ず存在します。
- 「機会」分析では、その分野に参入する本来の理由と目的に対して、深掘りした可能性を見つけることが大切です。そして、既存事業者に対して新規参入する「**圧倒的な差別化**」「**大きな視点の違い**」を明確にした可能性を導き出します。ここでの検討で可能性やチャンスの議論が浅いと、「付け焼刃の思い込

- み」による新規参入という結果になってしまいます。
- 「弱み」では、新規事業参入に向けてネックになるポイントを徹底して整理します。
- 「強み」では、現状の社内の実力が活かせるものや、相乗効果が図れる具体的な「強み」を改めて整理します。
- 「弱み」も「強み」も、今計画中の新規事業に対しての関連性でみるので、新規事業にあまり関係ない内部要因は削除します。
- クロス分析では、「積極戦略」において、本業との相乗効果が期待できて、自社の「強み」が活かせる「新たな可能性」の具体策や即実行できそうな具体策が中心になります。
- 「致命傷回避・徹底縮小戦略」では、「大きな流れに抗えない脅威」と「新規参入で大きなダメージになる弱み」が、本当に「致命的」と判断されるなら、この分野の参入方法を考え直す必要があります。

　新規事業のSWOT分析は、できれば意思決定前の計画段階で「事業計画書」作成のための分析に使うことをお勧めします。

■シートⅡ－6　SWOT分析・クロス分析(新規事業プランニング)……40～41ページ

■シートⅡ-2　SWOT分析・クロス分析（経営戦略立案）

参加者

基本ターゲット（想定）	
ライバル	
地　域	
商　材	
その他	

内部環境

強み（S）…ターゲットと比較して
（ターゲットがない場合は一般的な発注者ニーズをベースに）

〈1〉〈2〉〈3〉〈4〉〈5〉〈6〉〈7〉

強み【S】のポイント
- 同業者（自社よりも格下またはライバル）と比較して優位に立つ経営資源
- 情緒的な強みよりも、戦略的、現実的な優位性のある事項
- 外部及び内部の高い評価が、収益やシェアに具体的に貢献しているもの

外部環境

機会（O）

市場・顧客：〈1〉〈2〉〈3〉〈4〉
競合／流通／供給先／：〈5〉〈6〉〈7〉
政治／海外経済／環境：〈8〉〈9〉〈10〉

機会【O】のポイント
- 今後、「チャンス」になるマーケットの変化、業界の流れ、顧客の変化
- 自社の経営にプラスインパクトを与える外部条件（仕入調達、人事面やコスト、法律改正、社会認識の変化等）
- 「タラ」「レバ」で考えれば、可能性のある分野や商品、顧客の動き
- 環境・IT・グローバル化・オープン化・ダウンサイジング・少子高齢化・フリー化・無料化等の社会変化をプラスにつなげる動き

自社の強みを活かして、さらに伸ばしていく対策。または積極的に投資や人材配置して他社との競合で優位に立つ戦略

①②③④⑤

積極戦略ゾーン【機会Oと強みS】
- 外部環境のニーズやチャンスに「強み」をぶつけて、積極的に「攻める対策」
- 人材も、予算も投入して、「仕掛ける具体策」

脅威（T）

市場・顧客：〈1〉〈2〉〈3〉〈4〉
競合／流通／供給先／：〈5〉〈6〉〈7〉
政治／海外経済／環境：〈8〉〈9〉〈10〉

脅威【T】のポイント
- 自社の努力の如何にかかわらず、どうしようもない外部環境・状況の動き
- 市場の変化、業界の流れ、顧客の変化等
- 自社の経営にマイナスインパクトがある外部条件（仕入調達、人材確保やコスト、法律改正、社会認識の変化等）

自社の強みを活かして、脅威をチャンスに変えるには何をどうすべきか

①②③④⑤

差別化戦略ゾーン【脅威Tと強みO】
- 自社の強みを活かしたいが、外部環境はマイナス要素なので、徹底して差別化し、同業者に「圧倒的な差をつける具体策」
- 場合によっては、同業者も厳しい状況なので、M＆Aなどの「仕掛ける具体策」

Ⅱ　目的によっていろいろな種類があるSWOT分析

会社名（　　　　　　　　　　）

弱み（W）　…ターゲットと比較して
（ターゲットがない場合は一般的な発注者ニーズをベースに）

〈1〉	
〈2〉	
〈3〉	
〈4〉	
〈5〉	
〈6〉	
〈7〉	

弱み【W】のポイント
・同業者（自社よりも格下またはライバル）と比較して弱みになる経営資源
・情緒的な弱みよりも、戦略的、現実的に負けている事項
・今後の成長や「事業の選択と集中」などの改革をする際に足かせになる弱み（ネックになるポイント）

自社の弱みを克服して、事業機会やチャンスの波に乗るには何をどうすべきか

①	
②	
③	
④	
⑤	

改善戦略ゾーン【機会Oと弱みW】
・マーケットや外部環境は求めているのに、対応できない自社の課題を時間をかけて「改善する対策」
・人材も予算も投入して、中期的に「仕掛ける具体策」

自社の弱みが致命傷にならないようにするにはどうすべきか。
またはこれ以上傷口を広げないために撤退縮小する対策は何か

①	
②	
③	
④	
⑤	

致命傷回避・撤退縮小戦略ゾーン【脅威Tと弱みW】
・放置しておけば、命取りになりかないのでしっかり「守る対策」
・先が望めないなら、場合によっては、「縮小撤退もありうる具体策」

■シートⅡ-2　SWOT分析・クロス分析（経営戦略立案）

■シートⅡ-3　SWOT分析・クロス分析（重点商材の営業戦略立案）

基本ターゲット	
ライバル商材	
マーケット	
必要顧客	
その他	

強み（S）

本商材を強化するうえでの強み
- 本商材を今後のニーズに活用できる経営資源の強み
- 本商材を強化するうえで、顧客のニーズに対応できる強み
- 今のままでは差別化された強みとはいえないが、この強みに、こんな一工夫をすれば、「差別化された強み」になるもの

外部環境

機会（O）

本商材が「機会」「チャンス」になる根拠
- 本商材をこういう売り方をすれば、まだまだ可能性があること
- 社会環境、法制度、消費動向の変化で、本商材が求められる理由
- 本商材には、こんな客層の、こんな使い方にニーズがある
- 本商材はこういうニッチのニーズに強い
- Web等で全国へ横展開すれば可能性がある

自社の強みを活かして、さらに伸ばしていく対策。または積極的に投資や人材配置して他社との競合で優位に立つ戦略

積極戦略
- 積極的に本商材に取り組む具体策
- 多少資金を投入してでも成果を出すための仕掛け
- 今期、来期中に即実行すべき具体策や行動

脅威（T）

本商材が「脅威」または「リスク」になる可能性
- 自社の努力の如何にかかわらず、どうしようもない外部環境・市場の動き、業界の流れ
- 自社の経営にマイナスインパクトがある外部条件（仕入調達、人材確保やコスト、法律改正、社会認識の変化等）
- 本商材に新規参入する同業や大手のリスク

自社の強みを活かして、脅威をチャンスに変えるには何をどうすべきか

差別化戦略
- 本商材の脅威を強みでカバーする具体策
- 同業他社が撤退するなら、我慢してNo1戦略をとる
- 本商材を市場展開するうえで、自社の強みが差別化できなければ取り組まない

Ⅱ 目的によっていろいろな種類があるSWOT分析

会社名（　　　　　　　　　　　）

内部要因

弱み（W）

本商材を強化するうえでの弱み
・本商材を取り扱ううえでの経営資源の弱み
・本商材の機会や可能性に合わせて伸ばしたいが、どうしてもネックになっている箇所
・少しくらいの努力ではどうすることもできない弱み

自社の弱みを克服して、事業機会やチャンスの波に乗るには何をどうすべきか

改善戦略
・時間をかけて「改善する対策」を検討する
・本商材を基本的に取り組むことを前提に「社内改革の実行具体策」を考える
・3か年で条件整備する行動計画を立てる

自社の弱みが致命傷にならないようにするにはどうすべきか。
またはこれ以上傷口を広げないために撤退縮小する対策は何か

致命傷回避・撤退縮小戦略
・先が望めないなら、この分野からは徐々に手を引く対策を立てる
・致命傷にならない範囲で縮小や撤退策を考える
・引くに引けないなら、緊急の対策（リストラ含む）を導入する

■シートⅡ-3　SWOT分析・クロス分析（重点商材の営業戦略立案）

■シートⅡ-4　SWOT分析・クロス分析（重点顧客対策の営業戦略立案）

		強み (S)
		重点ターゲットを強化するうえでの強み ・顧客のニーズと合致した使える経営資源の強み ・ターゲット強化に必要な組織、人材、資金、設備、商材、システム、経験等の強み ・提案力、ソフト面、アフターサービス面、顧客フォロー度、価格面等の強み
外部環境	機会 (O)	自社の強みを活かして、さらに伸ばしていく対策。 または積極的に投資や人材配置して他社との競合で優位に立つ戦略
	重点ターゲットが「機会」「チャンス」になる根拠 ・このゾーンのターゲット顧客が今後成長する理由（ここを選んだ理由） ・このターゲットとの商取引をもっと増やすために、価格以外にこんな付加価値、サービスをすれば、もっと可能性がある ・このターゲットは、潜在的にこんなニーズがあり、それを満たせばもっと拡大が可能 ・このターゲットを巡って同業者や大手のやり方を比較して、自社が目立ち、顧客評価が高まる方法	**積極戦略** ・積極的に本ターゲットに取り組む具体策 ・多少資金を投入してでも成果を出すための仕掛け ・今期、来期中に即実行すべき具体策や行動
	脅威 (T)	自社の強みを活かして、脅威をチャンスに変えるには何をどうすべきか
	重点ターゲットが「脅威」または「リスク」になる可能性 ・ターゲット顧客の努力の如何にかかわらず、どうしようもない外部環境・業界の動き、市場の変化 ・今後ターゲットが衰退、競合に負ける脅威の可能性 ・ターゲットを強化することで、失う市場やマイナス面	**差別化戦略** ・ターゲットの脅威を強みでカバーする具体策 ・ターゲット強化を行ううえで、自社の強みが差別化できなければ取り組まない

会社名（　　　　　　　　　　　　　　　　　　　　　　）

内部要因

弱み（W）

重点ターゲットを強化するうえでの弱み
・ターゲット強化したくても、ネックになっている経営資源の弱み
・ターゲット強化に必要な組織、人材、資金、設備、商材、システム、経験等の弱み・提案力、ソフト面、アフターサービス面、顧客フォロー度、価格面等の弱み

自社の弱みを克服して、事業機会やチャンスの波に乗るには何をどうすべきか

改善戦略
・ターゲットは求めているのに、それに対応できない自社の課題を時間をかけて「改善する対策」を検討する
・木ターゲットの強化に取り組むことを前提に「社内改革の実行具体策」を考える
・３か年で条件整備する行動計画を立てる

自社の弱みが致命傷にならないようにするにはどうすべきか。
またはこれ以上傷口を広げないために撤退縮小する対策は何か

致命傷回避・撤退縮小戦略
・先が望めないなら、この分野からは徐々に手を引く対策を入れる
・致命傷にならない範囲で縮小や撤退策を考える
・引くに引けないなら、緊急の対策を導入する

■シートⅡ-4　SWOT分析・クロス分析（重点顧客対策の営業戦略立案）

■シートⅡ-5　SWOT分析・クロス分析（商品開発　仮説づくり）

強み（S）

商品開発を行ううえでの強み
・現状で新商品開発に活かせる経営資源の強み
・新商品開発に必要な組織、人材、資金、設備、商材、システム、経験等の強み

機会（O）

自社の強みを活かして、さらに伸ばしていく対策。
または積極的に投資や人材配置して他社との競合で優位に立つ戦略

商品開発の根拠になる「機会」「チャンス」
・今後消費者、顧客が求める機能、求めるイメージとは
・社会環境、消費者動向から購買動機にならない機能やサービスは何か（不要な商品要素）
・今の消費者、顧客が求める周辺機能、周辺サービスとは
・既存商品にどういうサービスや機能で付加価値を付けた新商品を出せば顧客は反応するか
・既存商品のどんな機能やサービスを徹底的に断捨離し、低価格にすればどんな顧客がどう反応するか

積極戦略
・積極的に商品開発に取り組む具体策（仮説）
・多少資金を投入してでも成果を出すための仕掛け
・今期、来期中に即実行すべき具体策や行動

脅威（T）

自社の強みを活かして、脅威をチャンスに変えるには何をどうすべきか

商品開発の「脅威」または「リスク」になる可能性
・新商品開発することで既存客が悪い反応を示す可能性
・規制、法律、商習慣等外部環境の変化によるリスク
・新商品がコモディティー化するリスク
・新商品が既存商品をカニバリー（共食い）するリスク
・新商品開発を行ううえでの、外部要因に起因するさまざまなリスクやそのマイナス影響

差別化戦略
・新商品開発の脅威を強みでカバーする具体策
・新商品開発を行ううえで、自社の強みが差別化できなければ取り組まない

外部環境

会社名（　　　　　　　　　　　　　　　　　　　　）

内部要因

弱み（W）

商品開発を行ううえでの弱み
・新商品開発に必要な組織、人材、資金、設備、商材、システム、経験等の弱み

自社の弱みを克服して、事業機会やチャンスの波に乗るには何をどうすべきか

改善戦略
・3年目にはその分野の新商品開発の可能性がある具体策
・「弱み」を改善しながら、基本的に取り組むことを前提に「社内改革の実行具体策」
・2か年で条件整備する行動計画

自社の弱みが致命傷にならないようにするにはどうすべきか。
またはこれ以上傷口を広げないために撤退縮小する対策は何か

致命傷回避・撤退縮小戦略
・この分野には手を出さない
・話が進んでいるなら、もっとも影響が少ない撤退手法
・3か年で芽も出ないなら、最初から取り組まない

■シートⅡ-5　SWOT分析・クロス分析（商品開発　仮説づくり）

■シートⅡ−6　SWOT分析・クロス分析（新規事業プランニング）

新規事業の概要	取扱商材・サービス	
	ターゲット・販売先	
	既存商品があるのに顧客が買う理由	

強み（S）

新規事業を行ううえでの強み
- 現状で新規事業に活かせる経営資源の強み
- 本業との相乗効果での強み
- 見込み客、事業の継続性に関する強み
- 新規事業に必要な組織、人材、資金、設備、商材、システム、経験等の強み

外部環境

機会（O）

新規事業が「機会」「チャンス」になる根拠
- この新規事業が魅力ある理由
- 社会環境・市場ニーズの変化がどうプラスになるか
- 市場規模と、市場性、地域での先駆性のメリット
- 本業との相乗効果による可能性は具体的にどうか
- 新たな販売先・販売方法による事業性のメリット
- すでに特定地域で成功例があり、横展開が可能かどうか
- 既存顧客からの強い要望によるコラボの可能性

自社の強みを活かして、さらに伸ばしていく対策。または積極的に投資や人材配置して他社との競合で優位に立つ戦略

積極戦略
- 積極的に新規事業に取り組む具体策
- 多少資金を投入してでも成果を出すための仕掛け
- 今期、来期中に即実行すべき具体策や行動

脅威（T）

新規事業が「脅威」または「リスク」になる可能性
- 同業他社や大手が参入し市場は荒らされレッドオーシャン化する可能性
- 規制、法律、商習慣等外部環境の変化によるリスク
- 新規事業のノウハウの提供企業（例：FC本部等）が消失するリスク
- 新規事業を行ううえでの、外部要因に起因するさまざまなリスクやそのマイナス影響

自社の強みを活かして、脅威をチャンスに変えるには何をどうすべきか

差別化戦略
- 新規事業の脅威を強みでカバーする具体策
- 新規事業を行ううえで、自社の強みが差別化できなければ取り組まない

会社名（　　　　　　　　　　　　　　　　　）

内部要因

弱み（W）

新規事業を行ううえでの弱み
・多角化・業態転換にともなう経営資源の弱み
・本業との関連性が発揮できない、または本業の足かせになる可能性
・新規事業に必要な組織、人材、資金、設備、商材、システム、経験等の弱み

自社の弱みを克服して、事業機会やチャンスの波に乗るには何をどうすべきか

改善戦略
・3年目には利益が出る可能性がある具体策
・「弱み」を改善しながら、基本的に取り組むことを前提に「社内改革の実行具体策」
・2か年で条件整備する行動計画

自社の弱みが致命傷にならないようにするにはどうすべきか。またはこれ以上傷口を広げないために撤退縮小する対策は何か

致命傷回避・撤退縮小戦略
・この分野には手を出さない
・話が進んでいるなら、一番影響が少ない撤退手法
・3か年で芽も出ないなら、最初から取り組まない

■シートⅡ-6　SWOT分析・クロス分析（新規事業プランニング）

SWOT Column ①
己を知る「パーソナル SWOT 分析」

　SWOT分析は企業の「強み」「弱み」を環境要因である「機会」「脅威」にぶつけて、より適確な戦略・戦術を構築していくための最強ツールと言ってもよいでしょう。分析できるのは企業だけではありません。自己分析にも有効なツールなのです。たとえば、就職や転職にも戦略が必要です。

　私は仕事柄、多くの採用面接に携わり、30年近く新入社員研修会の講師インストラクターを務め、新卒社員との面談もしています。昨今の就活では、大量のエントリーシートを送り、片っ端から面接に臨み、何十社も落とされて自信をなくしている学生やビジネスマンが多いようです。

　私が「採用側の視点」で考えるに、その学生や転職を希望する人は、採用側が何を求め、求職者は何が強みで、それをどう活かすことで、お互いWin-Winの関係になれるかを明確に言えない人が多いように思います。また、優秀な人は何社も内定を獲得し、悠悠自適に最後の学生生活をエンジョイできますが、内定が取れない人は最後まで心が安定せず、就職活動の失敗がそのまま就職浪人、フリーターや最悪の場合ニートになってしまうケースもあります。

　SWOT分析を事業所単位で実施するなかで、複数の参加者から、こんなことを言われました。

　「SWOT分析は個人にも適用できますね。就職活動も機会ととらえ、自分の強みを整理することで積極戦略として自己アピールポイントが整理されますから」

　これまで、SWOT分析は事業経営の戦略判断ツールという認識しかありませんでしたが、考えてみれば「パーソナルSWOT分析」も使い方次第では大変有効なことだと気づきました。そこで、知り合いの学生や転職希望者の何人かに個人面談をして、SWOT分析手法を使ってパーソナルSWOT分析の積極戦略を立ててみたのです。何回か繰り返すうちに、体験者から「頭が整理できました」「自分が言いたいことのポイントに気づきました」「面接ではこのことをしっかり話します」「採用側の視点を無視して、自己PRするからうまくいかなかったとわかりました」といった反応や評価を得ることができました。

　SWOT分析は就活にも使えるツールだと確信をもった次第ですが、就活に限らず自己分析を行うときにも有効です。自分の能力・資質の「強み」「弱み」が、所属する会社や会社の事業環境である「機会」「脅威」にどのように活かせるのか——「積極戦略」が導き出されればより活躍の場が増えますし、「改善戦略」から「自分の弱みをどう具体的に克服すべきか」の対策が導き出されます。

Chapter III

SWOT分析の
間違った
進め方

1. クロス分析がない SWOT 分析

　前述したように、SWOT 分析にクロス分析は不可欠です。最近はさすがにクロス分析のない SWOT 分析をしている事業所や、そういった指導をしているコンサルタントはいないかもしれませんが、**以前は SWOT 分析は「機会（O）」「脅威（T）」「強み（S）」「弱み（W）」をそれぞれ箇条書きに整理するだけ、と思っている人がいた**のも事実です。

　あらためて言うことでもありませんが、SWOT 分析は外部環境と内部要因を掛け合わせて、最適な戦略を導き出す分析ツールです。「積極戦略」「致命傷回避・撤退縮小戦略」「改善戦略」「差別化戦略」が具体的に抽出されていないなら、取り組む意味合いも薄れてくることになります。

　経営者のなかには、「詳しいクロス分析なんかしなくても、顧客のニーズや自社の強みがどこにあるか、皆で議論して理解すればいい」とおっしゃる方がいるかもしれません。おそらく戦略を導き出すための事前検討会のようなものという認識なのでしょう。それはそれでかまわないのですが、「では、どうすべきか」という議論になったら、やはりクロス分析の検討会は必要になってきます。二度手間にならないためにも、クロス分析まで実施するに越したことはありません。

2. 教科書どおりに「S・W・O・T」の順で進める愚

　SWOT 分析は、その字句どおり、「S＝強み」「W＝弱み」「O＝機会」「T＝脅威」ですから、検討もその順番で行う人がいます。しかし、多くの場数を踏んできた経験から、専門家の立場で言えば、この順番で進めることに賛成できません。

　前述したように、**SWOT 分析の基本は「機会」に「強み」をぶつける**ことにあります。「強み」に「機会」をぶつけるのではありません。

　「機会」に「強み」をぶつけるということは、マーケットの動きに貢献する自社の「強み」を「積極戦略」で導くことから、基本的に「マーケットイン（顧客都合）」の発想と言えます。

　もし、これが自社の「強み」に合う「機会」を見つけるとなると、かなり限定されてきますし、「プロダクトアウト（自社都合）」の発想になりかねません。

　そこで、SWOT 分析の基本的な検討順番は、以下の順にすべきです。

- 第1に「機会（O）」…一番のポイントですから、時間をかけてじっくり検討。
- 第2に「強み（S）」…「機会」に使える潜在的・顕在的「強み」を多方面から時間をかけて行います。
- 第3に「脅威（T）」…いかに環境が悪いかをたくさん議論しても意味がないので、短時間で済ませます。
- 第4に「弱み（W）」…ウィークポイントは誰れもがわかっていることなので、あまり時間をかけません。

とくに「機会（O）」と「強み（S）」が隣同士なのが分析のコツになります。ここで多くの時間を費やすのです。もっと言うなら「**積極戦略**」のみの検討なら「機会（O）」と「強み（S）」だけでもよいのです。筆者は最近、「機会（O）」と「強み（S）」の検討を十分に行ってから、申し訳ない程度に「脅威（T）」と「弱み（W）」への時間配分を行っています。

こうすると、第1に「機会（O）」、第2に「強み（S）」、第3に「脅威（T）」、第4に「弱み（W）」、O－S－T－Wという順番になります。

3. PEST、3C、5フォースのマクロ分析でリアル感がない

　機会分析は、外部環境において今後の可能性やチャンスを探るものです。

　完璧を求めないと気が済まない頭でっかちの人は、「統計データやマーケットリサーチのデータを見ないとわからない」とすぐに根拠を求めます。売上が数千億円以上あり、消費動向や環境の変化が即業績に影響する事業規模なら、統計データは必要かもしれません。しかし、**数億～数十億円の売上レベルの企業が、そこまでガチガチの統計データにどれだけ左右されるでしょうか**。「統計データ上では芳しくないから、その商品は売れません」と言ったら、おそらく経営者は烈火のごとく怒るのではないでしょうか。「**売れない理由の統計データより、売れる理由を考えよ**」と経営者は思っているはずです。筆者は、中小零細企業の場合の「機会分析」は、現場の皮膚感覚がとても大事だと常々思っています。

　たしかに他のSWOT分析の指導ノウハウを見ると、「機会分析」にはPEST分析、3C分析、5フォース分析等が紹介されています。使いこなせるなら、それらの手法は有効でしょう。しかし、**形式だけで使うなら、「機会分析」がどんどん総論になってしまい、使うに使えない一般論の「機会」の列挙になりかねません**。

　一応、一般的なマクロ分析の手法についても整理しておきましょう。

① PEST 分析

PEST 分析とは、マクロの環境分析に使う方法で、「P = Politics（政治）」「E = Economics（経済）」「S = Society（社会）」「T = Technology（技術）」のそれぞれの頭文字をとって PEST 分析と呼ばれます。

- 政治は、政権交代や法律改正、外交、規制強化や緩和、行政の方針変更等です。
- 経済は、景気動向、為替、株価の動向、失業率、金利、貿易動向等経済に関する動向です。
- 社会は、人口動態、社会の関心の変化、生活様式、教育、消費の傾向変化、自然環境の変化などです。
- 技術は、新技術の導入、技術革新などを指します。

ひとことで言えば、「世の中の流れ」を、いろいろな尺度から整理するものです。筆者も PEST 分析を無視しているわけではなく、「機会のタラレバ分析」では一部活用するときもあります。

② 3C 分析

3C 分析とは、Customer（市場・顧客）・Competitor（競合）・Company（自社）の3つの言葉の頭文字であり、それぞれの分析から戦略を立案しようというものです。外部環境を分析して、業界の中で勝ち上がるために必要な KSF（重要成功要因）を見て、自社とのギャップをあぶりだします。

- Customer（市場・顧客）分析では、市場の動向、成長性、購買の特性から購買に至る KSF を整理します。
- Competitor（競合）では、競合がどこかなどの定義を決め、競争優位をどこにもっていくか、どんな戦略目標を立てるかを決めます。
- Company（自社）では、自社の経営資源、強み弱み分析から、自社の位置を確認します。

この手法も学習すれば深いものがありますが、経験者でない限り、簡単には理解できません。

③ 5 フォース分析

5 フォース分析は、アメリカの著名な経営学者であるマイケル・ポーター（Michael Porter）氏によって提唱された手法で、マーケティングでの収益性を決める競争要因

を5つにカテゴライズしたものです。

> - 内的要因：「供給企業の交渉力」「買い手の交渉力」「競争企業間の敵対関係」
> - 外的要因：「新規参入業者の脅威」「代替品の脅威」

　内的要因と外的要因にある計5つの要因から、業界全体の魅力度を測るというものです。ここでは省略しますが、それぞれ5つのカテゴリーに詳細な項目があります。

　PEST、3C、5フォース、それぞれマーケティングを学習するうえでは重要な手法です。先駆者の努力と考察によって生まれた有効な分析手法であることは間違いありません。要は、これらの手法を中小零細企業や小規模事業所の経営者や幹部が使いこなせるかどうかです。

　筆者は、自身の経験から**「機会分析」はあまり学術的にならないほうがよい**と思っています。詳細は後述しますが、筆者が指導するSWOT分析の「機会分析」では、機会を30の「タラレバ」で検討する具体的な表現にしています。

　じつは筆者も以前は、PESTや3C、5フォースのようなマクロ分析から「機会分析」をコーディネートしていました。しかし、**中小零細企業では「わかりやすい表現」でないと、SWOT分析が進まない**ということを何回も経験してきました。そこで、「わかりやすさ」をベースにいろいろ工夫した結果、「30のタラレバ機会分析」に落ち着いたというわけです。

　しかし、このタラレバも、時の社会経済環境によって変わってくるものです。これまで円高が長期にわたって続いてきましたが、昨今は円安にぶれていますし、中国進出をしないと乗り遅れると思っていたのが、地政学リスクでChina＋1といったように、中国への依存度を抑えて他の国に進出すべきだという議論も増えてきました。さらにデフレ一辺倒の流れから、少しずつインフレへの動きを加速させている企業や商品も増えてきました。また、TPP（環太平洋経済連携協定）や世界経済との連動は、ますます加速しています。一方、国内に目を転じれば、原発問題から電気料金の問題、インフラ整備など、チャンスとリスクが混在し、一寸先は闇といった状態です。

　このような変化のある「外部環境」を考えるうえでは、マクロ分析は非常に重要です。しかし、そのようなグローバルな経済環境や政治動向を分析できる専門家は、中小企業にはいませんし、そんなことを考えて仕事をしているわけでもありません。

　中小企業にはもっと地に足の着いた「機会分析」が必要なのです。私たちが見るべき「機会」は、見聞きした顧客の変化や業者の情報、法律の動きなど、リアルな変化の兆候です。

　機会分析は、こういった観点から進めなければなりません。そのために筆者は、「30のタラレバで機会を分析」というわかりやすさを前面に押し出しているのです。

4. 「よい点」と混同した曖昧な「強み分析」

　「もっと強みを伸ばせば、業績は上がるはずだ」と言う経営者は多いものです。まさにそのとおりですが、では、「強み」とは何でしょうか？
　「強み」のポイントは「今後の可能性に、戦略的に活かせるかどうか」にあります。よく「強み」と「よい点」を混同している人がいますが、抽象的、観念論的な強みをいくら列挙しても意味がありません。たとえば、「当社は明るい社風である。コミュニケーションがよく人間関係もよい」こと、これを「組織的な強み」と思っています。しかし、SWOT分析では、このような観念的な組織論は排除して考える必要があります。なぜなら、「よいと言われる社風」が、新たな戦略にどう貢献できるかは未知数ですし、実際に経営戦略とはまったく関係ない要素であるからです。これらは、「**社風としてよい点**」「**自慢できる点**」に過ぎません。経営上はプラスポイントかもしれませんが、問題は、それが「機会」に対してどう具体的に作用し、積極戦略につなげられるかにあるのです。
　ただ、これが「当社の社風は、誰でも何でも複数役こなせるのが当たり前」というものならば、同じような組織論でも少し意味合いが違ってきます。なぜなら、この強みは戦略に活かせるからです。フレキシブルな多能工が多い組織なら、新たな戦略への人材配置も容易にできることは想像に難くありません。
　次のような事例を考えてみましょう。「当社は社員の平均年齢が高く、継続雇用の人間の比率が高い」とします。一般的には、行動力に乏しく、賃金も高止まりし、組織が沈滞化することから「弱み」にあげることでしょう。しかし、違った側面から見てみると、「熟練者が多いということは商品知識も豊富で、顧客との対応でも安心して任せられる人が多い」ということになります。定年延長が普通になった時代だからこそ、賃金もあまり上げずに当面働いてもらうことができます。若手を採用した場合の「長続きしない」「常識を知らない」などのリスクを考えると、社員の高齢化は決して「弱み」というだけではありません。「**機会」によって、豊富な業務経験や知識を活かすことが差別化につながるのであれば、この高齢化は「強み」になります。**活かし方次第では「強み」に転換できる要素と言えます。
　「強み」をどの企業と比較しているかも重要な要素になります。経営資源の「強み」を見るときに、中小企業が大手上場企業と真っ向から比較すれば、「強み」があまりに限定されてしまい、その比較自体が空虚になってしまいます。
　このように、「強み」の検討では、戦略に活かせるかどうかが重要なポイントになります。したがって、この「強み」を検討する際には、外部環境の「機会」を見ながら進めることが必要だということです。

5. 目に見えるものしか「強み」にできない

　「強み」を分析しているときに、多くの参加者が「目に見える強み」しか考えないという傾向があります。筆者がいつも言っているのは「**今ある経営資源の角度を変えたら、どんな風景が見えてくるか**」ということです。先ほど述べたように、「弱み」も角度を変えれば「強み」になるし、「強み」も市場が求めることに順応していなければ「弱み」に転落してしまうのです。

　では、「目に見えない強み」を見るとはどういうことでしょうか。これは「強み」だけを単品で検討しても生まれてくるものではありません。先に「機会分析」を行い、それぞれの可能性に使える経営資源としての「強み」を1つひとつ見直していくのです。たとえば、「この機会をとらえ、戦略や対策を実現していくには、今の経営資源や経営ノウハウを加工したりして追加すれば、その実現可能性は高まるのではないか」というように、「機会」に合わせて「強み」を考えていくのです。

　その過程で、「言われてみれば、当社の○○は強みとして活かせるかもしれない」と思うはずです。筆者の経験からも、こうしたことで、新たな発見ができたことは何度もありました。このように、私たち中小零細企業は自社の経営資源の「強み」（使い方）を見落としているのかもしれません。もったいない話です。

6.「弱み」と「脅威」に時間を割いて自信をなくしてしまう

　SWOT分析の4つのカテゴリー（機会・脅威・強み・弱み）のうち、「弱み」と「脅威」の分析に必要以上の時間を割いている検討会があります。「弱み分析」では、同業他社や大手と比べて自社の「劣っている点」がとりとめなく出てきます。また「脅威」の分析では、自社や業界の経営環境がいかに悪いか、そして今後もダメだろうといった意見を必要以上に収集しています。

　市場環境や内部要因を冷静に見ることは大切ですが、**マイナスのことに多くの時間を割いても建設的な展開は期待できません**。こんな議論ばかりしていると、「いろいろやっても無理だよ。将来見込がないし…」と自信をなくしていくのが関の山です。

　元来SWOT分析は、前向きなプラスの対策を導き出すことですから、マイナス議論ばかりだと、「リストラ対策」のような「致命傷回避・撤退縮小戦略」が中心となり、モチベーションもヤル気も上がらないといった結果になりがちです。

　もともとSWOT分析でいう「弱み」とは、「悪い点」や「劣っている点」を言うのではありません。市場ニーズやマーケットの変化に対応できていない組織や商材の「ネックになっていること」を指すのです。ですから、改善戦略では中期で、機会に

沿えるように「ネック部分」を解消していく具体策を検証していくのです。必ずしも「弱み」＝「悪い点」「劣っている点」ばかりではないのです。

　一方、「脅威」の論点は、それほど間違うことはないでしょう。これは自社の努力に関係なく、法制度の変更や市場の変化によって起こる外部環境によってもたらされることだからです。「脅威」の検討には、多少時間を使ってもいいかもしれません。それは「脅威」の裏側に市場ニーズである「機会」が隠れていることがよくあるからです。「脅威」の分析においても、マイナス点ばかりに注力するのではなく、角度を変えた見方をすることによって、何らかの商機を見出すのだという意識をもってもらいたいものです。

7. 優先順位をつけないクロス分析

　戦略立案過程の現実を知っている方であれば、SWOT分析では「クロス分析」まで必要だと理解しているはずです。

　クロス分析では、「機会×強み」＝「積極戦略」について、いく通りもの掛け算が生まれ、戦略・戦術も複数のものが導き出されます。また、「脅威×弱み」＝「致命傷回避・撤退縮小戦略」についても、複数のリストラ策や重点戦略が生まれるかもしれません。大切なのは、「クロス分析」をただ列挙しただけで終わらせてはいけないということです。

　中小零細企業や小規模事業所には、資金や人員などの経営資源に限りがあり、複数の戦略や対策を同時に行えないというマイナス要因がありますが、**重点的に行うことと、後回しにしなければならないことを区分けする必要が**あります。いわゆる「優先順位」をつけるということです。

　ところが、優先順位をつける際に、「やりやすい順序、取り組みやすい順序」で判断している人がいますが、これは間違いです。「**優先順位**」とは、「**優先度の高い順番**」であり、**重要性や緊急度、貢献性から導き出さなくてはなりません**。自社の状況やレベルでやりやすいかどうかは、また別問題です。ただし、適確に優先順位づけをした場合、難しくて取り組みにくい課題を最初にやらなくてはならないような事態になるかもしれません。

　筆者は、優先順位をつけるときには、客観的な数値で重要度を計る仕組みを導入しています。詳細は後述しますが、複数の尺度から配点し、点数の高い事項を「優先度の高い対策」と決めるのです。客観的な物差しによって点数として表現することで、思い入れの深いものや感覚的なものであっても、理性的に判断できるようになります。

8. クロス分析による「対策」で概算数値を出さない

　クロス分析によって、「積極戦略」「致命傷回避・撤退縮小戦略」「改善戦略」「差別化戦略」はリアルな対策を捻出することができる、ということはすでに説明しました。これらの対策を検証するときに必要になるのが、各対策を「5W2H」（いつ：When、どこで：Where、誰が：Who、何を：What、なぜ：Why、どのように：How、いくらで：How much、）でわかるように記述することです。

　たとえば、「いくらで（How much）」に着目した場合、「その対策を実行した場合、どれくらいの売上が見込めるのか」「いくらの単価で、どのくらいの個数を売るのか」「そのためには、何に、どれくらい投資し、経費を使うべきか」ということが概算で出てこなくてはなりません。

　「やってもいないのに、単価とか個数とか経費を決めるのは難しい」という声をよく聞きます。たしかに、概算数値を算出しないままで重点戦略をあげることは根拠が乏しいかもしれません。しかし、**この段階では、「エイヤー」と勢いで概算数値を決めてもよいと思います**。筆者が指導してきたケースでも、最初は感覚で決めてもらうのですが、ここで決めた数値が意外に後々まで残り、目標につながった例はたくさんあります。

9. 客観的なファシリテーターがいないSWOT分析検討会

　社内の管理者研修の一貫としてSWOT分析研修を行ったり、中期経営ビジョンづくりのプロジェクトで、その根拠としてSWOT分析を行う場合があります。
　社内で実施する場合の問題点として、現実論ばかりで異論がなかなか言えない雰囲気になっているということがあります。いわゆるブレーンストーミング（通称ブレスト：検討会の参加者が自由にアイデアを出しあうことを目的として、ルールに則って議論を進める技法）にならない場合があるのです。
　ここで社内のメンバーのみでSWOT分析検討会を行う場合のポイントをいくつか整理しておきます。

- 社内検討の司会者・ファシリテーターが議事をコントロールできるかどうかが一番大事。
- 多すぎる参加者では本格的な深い議論がしにくい（8人くらいが最大人数。勉強会と割り切れば、それはそれで意味があるが…）。
- 声の大きい人、立場のある人の発言だけに左右されないようにする。

- ネガティブな意見に左右されないようにする。
- 意見の出し合いごっこではないから、絞り込みされた表現、固有名詞のある表現しか受けつけないようにする。
- 経営者が司会すると、物事は決まるかもしれないが、意見は出にくい。
- 小さい声、あまり意見を言わない人の声をしっかり収集する。
- 積極戦略や致命傷回避・撤退縮小戦略、優先順位付けは、経営者の意見をしっかり反映させる。**経営者が納得していない戦略を認めても、後が続かない。**

　ただし、企業内の上下関係、部門間の関係、利害関係などがあって、上記のようなことがなかなかできないことも事実でしょう。このようなことから、SWOT 分析検討会では、外部からコーディネーターやコーチ、ファシリテーターを招集したほうが客観的な対応が可能になり、検討会を円滑に進めることができるようになります。利害関係がないほうが、基本に忠実に意見集約や方向性を導けるからです。

　本書では、筆者が経験した 100 を超える SWOT 分析検討会のなかから 16 業種の事例を掲載していますが（第Ⅴ章）、抽出された戦略や対策がある程度固有名詞で埋まっているのは、そういったコーディネートをすることができたからです。

10. クロス分析の戦略が具体的な名詞で記載されていない

　クロス分析はその企業固有の戦略や具体策でなければなりません。**固有とは、固有名詞や具体的な名詞が入ることを言います。顧客名、チャネル名、商品名、方法名、担当名、取り組み方名、金額**などです。

　固有の使い方を見てみましょう。

「○○業界に販促をかける」
「A 商品を重点拡売する」
「強みの○○を△△地域に横展開する」

　これらの表現では戦略に曖昧さが目立ちます。そこで、固有名詞や具体的な名詞を入れると、それぞれ次のような表現になります。

　「□地域の○○業者リスト 100 社に対して、△から紹介をもらって、セミナー案内とデモ機をローラー展開する」
　「A 商品に B システムを無料でつけて、特別の PR パンフを作成し、まず既存の□地域の顧客から PR する」

> 「△地域のターゲットの○社に対して、B地域で成功したノウハウをホームページに動画で紹介し、メールを送る」

固有名詞、具体的な名詞を使うことで、戦略や対策が現実的な表現になり、そのまま行動計画が見えるようになります。先述したような一般名詞で表現された戦略や戦術では、アクションプランも概算数値も曖昧になり、雲をつかむような他人事の感覚になってしまいます。

参加者がSWOT分析・クロス分析後に、その戦略・戦術を明確にイメージでき、「よし、これでいけば何とか突破口が開けそうだ」と思えることが重要なのです。

11. クロス分析の結果をメンテナンス（検証）していない

SWOT分析検討会でクロス分析まで行い、固有の戦略を導き出すことができたとしましょう。しかし、検討会の段階では、その対策は仮説に過ぎません。仮説の戦略に対して資金や人材を投入していいかどうかはまだ未知数です。そこで、「検証作業」が必要になります。

経営資源は限られています。**思い込みだけで発車しては虎の子を失うだけです。**検証作業では、仮説である「積極戦略」「致命傷回避・撤退縮小戦略」が妥当かどうかをリサーチし、本当に実現可能なのかどうかを検討することになります。

もっともわかりやすいリサーチは「顧客調査」です。仮説に基づいたシミュレーションを行い、それを顧客がどう思うかを調査するのです。

筆者はこれまでにいろいろな顧客調査を行い、またクライアントにも指導してきていますが、効果のない調査であっても「市場調査」「マーケティング」だと思っている人がけっこう多いことが気になります。

一般的に顧客調査で多いのは、「アンケート」を作り、特定顧客に郵送して返信してもらうものでしょう。ただ、アンケートによる調査は、平均的な傾向値を把握する意味では有効ですが、項目があまりに細かくなり過ぎると、回答者が面倒くさくなりきちんと回答してもらえない可能性があります。逆に設問が大雑把だと、具体的な意見が返ってきません。アンケートよりも現実的で顧客から生の声を聞く方法として、**営業マンがアンケートに沿って直接ヒアリングをしていく調査**があります。調査としてはこちらのほうが圧倒的に有効でしょう。

しかし、筆者が提案したいのは、中小零細企業や小規模事業所に相応しいやり方であり、高い効果が期待できる方法です。直接ヒアリングするというのは同じですが、この方法では経営者や責任者が30社前後を1人でヒアリングします。なぜ1人で行うのかというと、ヒアリング調査は、多くの人が関与するとサンプル数が増えるとい

うメリットはありますが、聞き出すための提供情報の質や顧客との会話力など、「聞き方品質」がバラバラであり、本質的なニーズを聞き出せないことが多いからです。つまり、**表面的な 100 枚のヒアリング調査より、しっかり聞き込んだ 20 枚の調査のほうが効果が大きい**と言えます。

　SWOT 分析・クロス分析の仮説検証においても、ヒアリング対象は少数でよいので、しっかり聞き込める能力と立場にある人が期限内に行うことが大切だと痛感しています。ただし、ヒアリングの結果によっては、クロス分析で生まれた対策が否定されることもあります。こういった場合、「では、どうすればお客様がこの対策を受け入れてくれると思いますか…」と、顧客から「できる理由や方法」を聞き出すことを忘れてはいけません。

　ヒアリングというフィールドワークは、ともすれば複数の担当社員に任せてしまうことが多く、下手をすると、「お客様の買わない理由」「仮説の戦略がうまくいかない理由」を聞いてきて、その戦略の「ダメな理由」をさも正論のように報告する傾向があります。新しいことに挑戦したくないと潜在的に思っている社員にとって、「お客様の買わない理由」ほど自分の行動の大義名分になるものはないのです。

　しかし、経営者や責任者では真剣度が違います。「どうすればよいか」「どうしたらよくないか」ということを顧客からしっかりと聞き出してくれるはずです。そして、聞き出した検証結果をもとに、再度、「機会分析」～「クロス分析」を行い、仮説 → 確信にしていくわけです。

Chapter IV

指導経験から得た
SWOT分析
成功法則

1. SWOT分析指導経験から得た教訓

　筆者はこれまでに100を超える企業や事業部、部門のSWOT分析をコーディネートしてきました。業種・業態、事業所の規模もさまざまですが、これらの経験から、SWOT分析についていくつかの本質を知ることができました。

　厳しい言い方になりますが、**実際の戦略立案や方針転換に使わない「SWOT分析ごっこ」**をやるのでしたら、これから述べることは無視してもかまいません。しかし、SWOT分析によって未来につながる戦略、行動まで変えるビジョンを構築したいというのなら、ぜひとも参考にしてほしいと思います。

(1) 最高責任者が必ず参画する

　戦略を検討する場に最高責任者が不在では意味がありません。そもそも戦略というのは経営者の専権事項であり、役員や管理職に任せられる次元の問題ではありません。その戦略次第で企業の将来が左右されるのですから、当然でしょう。

　SWOT分析では（とくに中小零細企業や小規模事業所では）**経営者の積極的参画が必須条件**になります。子会社や事業部のように、ある程度の職務権限が認められているのであれば担当役員クラスが最高責任者になります。

　かりに最高責任者が不在で、SWOT分析検討会を行った場合を想像してください。議論の過程を知らない最高責任者に一から説明することになり、その結論に至った背景を知らない責任者はおそらく納得せず、提案した戦略を否定するかもしれません。あるいは、ただ結果報告を聞いているだけかもしれません。SWOT分析のテーマが「未来への提案」程度の主旨ならそれでもかまいませんが、本格的な事業構造の見直し、中期ビジョンの確立、事業計画の根拠を作り上げるという目的であれば、最高責任者が不在のままの検討会は成り立ちません。

　実際に責任者不在のSWOT分析を数回指導したことがありますが、全員で決めたはずの戦略や対策は、そのうち雲散霧消してしまいました。SWOT分析検討会に参加していない経営者に、参加者が真剣に考えて出した戦略が認められず、逆に否定的なことや文句を言われたとしたら、参加した人たちの立つ瀬はありません。「やらないほうがよかった」ということになります。

(2) コーディネーター次第で結果がまったく異なる

　コーディネーターはSWOT分析検討会の司会者です。司会者の誘導、コントロー

ル次第で、意見の出方はまったく異なってきます。

上場企業の子会社で、6つの事業部を抱えている企業のSWOT分析検討会を指導したときのことです。6つの事業部から幹部がそれぞれ5名ずつ、計30名と役員が参加して実施しました。経営者（親会社から出向）は、同じ条件でSWOT分析を学ばせたいという思いから、集合研修を実施したのでした。

まず、「SWOT分析の進め方や実例」の講義を行いました。筆者からは、「機会分析」の時間、「強み分析」の時間、「積極戦略」の時間など、それぞれに検討時間を配分して行うよう指示を出しました。

進行は、各事業部の責任者が司会者となり進めました。筆者はそれぞれの事業部の進捗状況を確認しながら、ワンポイントアドバイスを行いました。筆者への依頼はSWOT分析研修ということだけでしたから、6つの事業部の詳細を知らないということもあって具体的なアドバイスはできません。筆者からのアドバイスは、検討の進め方や書記が書いたシートを見ながら、「具体的な表現か」「その戦略が見込める根拠があるか」などをチェックし、明確な回答が出るかどうかを各チームに聞き出すことだけでした。

それぞれ6つの事業部の検討状況を見ていくと、事業部ごとの個性がよく現れ、コーディネーターの問題点なども浮き彫りになりました。

- しっかりコーチングをしながら意見をまとめようとしている部門長の事業部
- リーダーがどんどん意見を言って議事を進め、書記に指示を出す事業部
- 皆が黙って考え込む時間が長く、議事が遅々として進まない事業部
- 考えさせるヒントも言わず、表面的な意見ばかり出て議事が絞り込めない事業部
- 部下に議論をさせ、リーダーはダメ出しばかりしている事業部　など

筆者の経験から、**コーディネーターはその企業、部門の最高責任者がしないほうがよい**と考えています。最高責任者が司会をすれば誰も意見が言えなくなり、独演会になる可能性が高いからです。また、力のある最高責任者がいて、横で部下が司会をすることもなかなか難しいようです。どうしても最高責任者に気を使ってしまうので、司会もありきたりになってしまうのです。

コーディネーターやファシリテーターに求められる「推進する」「意見をまとめる」「ヒントを出す」「誘導する」「決定に導く」などの機能を発揮するのは、第三者のほうがベターと言えるでしょう。筆者の100を超えるSWOT分析指導経験でも、その90％以上は筆者自身がコーディネーターと書記をしてきました。だからこそ、議論がまとまりやすく、必ず何らかの決定事項が生まれたのだと思います。

(3)「機会」「強み」は、ヒントがなければ意見は出ない

　SWOT分析検討会では、「機会・強みを言ってください」と促しても、一般論しか出てこないことが多いようです。もしくは、今現在知っていること、顕在化していることしか出てこないのが現実です。顕在化している情報をいくら集めても有益な分析はできず、積極戦略は普通の表現にしかなりません。
　SWOT分析で欲しいのは「潜在的な情報」です。**現在見えていないことをあぶり出すには、「考え方のヒント」**が必要になります。実際には、ヒントを出しても潜在的な情報が出てこないケースもありますが、それでも情報を抽出させるための貴重な一助にはなります。
　筆者がSWOT分析でこだわっている「ヒントの重要性」はまさにここにあります。ヒントの出し方がうまければうまいほど意見が言いやすく、ブレーンストーミングも盛り上がります。意見が出れば、面白くなり、検討会のモチベーションも上がるのです。筆者が言う「機会と強みはタラレバで」は、まさに「〇〇したら△△になる、といったタラレバで考えてみましょう」というヒントでもあるのです。

(4) クロス分析の各戦略は参加者がイメージできる表現にする

　クロス分析の「積極戦略」「致命傷回避・撤退縮小戦略」「改善戦略」「差別化戦略」が、参加者に具体的な行動や効果としてイメージできるかどうかが重要です。
　筆者が固有名詞や具体的な名称、数値のある具体策にこだわって表現してほしい、と再三再四述べている理由は、**「人は具体的にイメージできないことは行動できない」という本質**があるからです。経営者や幹部がいくら提言しても、「当事者が納得できていない戦略」は、まず行動に移されることはありません。イメージが湧くまで、議論を詳細部分にまで落とし込んでいくことが肝要です。

(5) あくまでも客観的な事実（相手都合）に基づいて議論する

　SWOT分析上、機会や強み、また積極戦略において、「自社都合での議論」はあまり好ましい効果を出しません。客観的な事実とは、マーケットデータや統計データのことではないのです。それもある程度は参考にしますが、**より重要なのは「競合先がどう出るか」「顧客がどう出るか」**という反応です。自社都合や自社の状況を考慮した「顧客」や「競合先」はありえません。**どれだけ「顧客都合」で検討できるかが重要なポイント**になります。
　「顧客志向」ということについては誰でも言葉ではわかっているし、どの企業でも

それなりに取り組んでいることでしょう。しかし、自社固有の戦略立案となると、割ける経営資源には限界があるので、顧客都合を優先できずに「自社都合」をついつい優先してしまう傾向があります。SWOT分析では、司会者やコーディネーターは「顧客都合」で議論するよう常に意識して誘導してほしいと思います。

(6) 皆が知っている業界の未来に振り回されない

　自分が身を置いている業界の未来像については、ほとんどの人が知識として知っているはずです。業界関係者の話や業界紙などからも情報は得ていることでしょう。
　「この分野はもう市場がなくなっていく」
　「この商材はコモディティー（汎用）化して、価格競争になって儲からない」
　「海外製品に取って替わられ、国産品は厳しくなる」
　「大企業がやっているような新分野に進まないと、朽ち果てるだけだ」等々
　これまで「寄らば大樹の陰」「長い物には巻かれろ」「みんなそうしている」といった追従姿勢のもと、業界の多数の意見に従って行動した結果、よくなったでしょうか。ほとんどが逆の結果だったのではないでしょうか。
　むしろ業界の慣習になれることなく、**常識外れの考え方や斬新な発想で異端視された会社のほうが、独自の道を進み、結果として業績を上げている**のではないでしょうか。
　SWOT分析においても「皆が知っている普通の業界の動き」だけに翻弄される必要はありません。とくに機会分析では、ありきたりの業界予想以外の箇所にフォーカスすることが大事です。俗にいう「**業界を真正面から見るのではなく、横から、上から、下から、後ろから見たら、どんな光景や可能性が見えるか**」です。少しくらい「変な考え方」「異端なアイデア」でも一蹴せず、「なぜそう思うか」を深掘りしていけば、面白い可能性を見つけることができるはずです。
　じつは、そういうときに参考になるのは、他業界の動きです。自分の業界の話ばかりしていては、既存の発想から抜け出せません。手前味噌ですが、筆者が指導するSWOT分析では、これまで深く関与したコンサルティング経験から知り得ている異業種事例をどんどん出していきます。そのため、"可能性"の幅が少しくらいは広がっているのではないかと思っています。もし、第三者にSWOT分析検討会のコーディネートを依頼するならば、いろいろな異業種のリアルな経験や知識があるコンサルタントが望ましいと言えます。

(7) ネガティブ意見に屈しない

　特定の業界に長く身を置いていると、「できる理由」より「できない理由」を理路

整然と話すことがうまくなるものです。したがって、いろいろな可能性の話をしても、否定的な返事が返ってくることになります。

「それは、○○の理由から無理だ」
「そのやり方では先行者も利益を出してない」
「そんな小さな売上では抜本的な解決にならない」
「今の仕事をしながら、そんなニッチなところに人は割けない」
「うちがやらなくてもいい分野だ」
「うちの会社に向いていない」等々

SWOT分析における「機会」×「強み」=「積極戦略」の具体策というは、【挑戦】することばかりです。できない理由のオンパレードを求めているわけではありません。少しでも可能性があるのなら、それを最大売上や最大利益に結びつけるにはどうすべきかをポジティブに考えることが大切なのです。もし、SWOT分析検討会でネガティブ意見が上層部から平気で出るようなら、人選を見直されなければなりません。それは、よく言われるように「**固定観念が頭にこびりついている状態（人たち）**」だからです。

ベテラン幹部を外して、経営者と若手中堅だけで立ち上げたSWOT分析検討会もありました。多くの経営者が「うちの幹部連中から新たな発想が出るとは思えないから、若手中心でいきます」と言うのもわかるような気がします。

2. コーチ、コーディネーター、ファシリテーターが肝に銘ずること

SWOT分析検討会のコーディネーターやファシリテーターを社内の幹部が行う場合でも、第三者が行う場合でも、いくつかの注意点があります。

先述したように、SWOT分析検討会ではコーチング発想で臨むことが求められます。筆者がSWOT分析検討会でコーディネートするときに意識しているポイントを整理してみたので参考にしてください。

①	「機会」「強み」の抽出では、情報を聞き出す質問だけではなく、「**なぜそう思うか**」といった具体的な意見を考えさせる質問を意識する
②	チャンス・機会の答えが出ない場合、「**かりに○○すれば…**」で検討するよう指示する
③	「○○ができるなら、この□□はチャンスになる」などの「**タラレバ**」をヒントに使う
④	**アドバイスはしない。自分の見解をお仕着せしない。参加者の考えをもっと具体的に言わせるように聞き出す**

⑤	参加者から何らかの答えがあったら入力する（表現の是非は相手に確認しながら記述）
⑥	「機会」は可能性であるから、少しでも前向きなことを聞いて記述する
⑦	可能性を聞いたら、「それが実現できるには、どういう事前対策や条件が必要か」をさらに聞く
⑧	参加者が答えた内容に連動した質問をどんどん行う。**ぶつ切り質問にすると深掘りできない**
⑨	**1つの可能性が出たら、そこにフォーカスして他の人にも意見を求める。フォーカスしたら質問を変えない**
⑩	時にプロジェクターのスクリーンを見せながら、「こういう表現でよいですか」と確認する
⑪	参加者の言葉はすべてヒントや可能性ととらえ、今質問できないなら、メモを残して後から聞く
⑫	異業種の「たとえば、○○業の△△のようなことは考えられますか…」を使い、少しでも可能性があるなら記述する
⑬	「他に機会はないか」「他に強みはないか」と抽象的な質問ばかりを繰り返さない。絞った形で意見を聞き出す
⑭	固有表現の具体策を求めるなら、**質問も固有で行う（固有とは具体的な名称）**
⑮	参加者の表現が的を得ていない場合、「こういう表現でいいですか」と記述した言葉を提示しながら確認する
⑯	参加者は業界事情に詳しいので、「こんなことは強みでも機会でもない」と**勝手に決めつけているもの。「それも活かせる」というスタンスで臨む**
⑰	よい意見を言う若手がいても、権力のある人の強い言葉に口ごもるので、意見を述べる場をしっかり作ってあげる
⑱	**コーディネーターは単なる司会進行役ではない**
⑲	コーディネーターは意見の絞り込みや新たな視点での質問などで、その結果、**物事を具体化させる業務と心得る**
⑳	**1か月後でも見てわかる表現にする。そのときの思いだけの表現は、後からだと何のことかわからなくなる**

　この20項目は、誰もがすぐに実践できるというものではありませんが、SWOT分析の際に意識するようにしておけば、何回か経験するうちに自然と身についていくものだと思います。

3. 意識を集中させるプロジェクターを使ったリアル書記

　SWOT分析検討会では、参加者の意見を整理統合するために、付箋紙（ポスト・イットなどのメモ書き）を活用してグループ分けし、グループ討議を行うケースがあります。多くのメンバーのいる事業部でSWOT分析検討会を行うならそういった方法も有効でしょう。筆者も「SWOT分析研修」という位置づけで、数グループに分けたSWOT分析検討会を指導したことがあります。どちらかというと、大手企業向けの事業計画の素案やその根拠づくりのための管理者研修に近い形でした。その場合は付箋紙を活用したグループワークがメインでした。

　中小企業や小規模事業所であれば、「SWOT分析＝経営戦略立案」がそもそもの開催目的となるので、経営者と一部の幹部だけで行うことをお勧めします。いろいろな検討方法があるので、個々の状況に応じた進め方をすればよいと思います。筆者がお勧めしたいのは、「1人のコーディネーターによって、1グループで深く議論する形」です。

　筆者が指導する場合は、SWOT分析をコーディネートしながら、シート入力をその場で行い、参加者はプロジェクターを見ながら意見を出していくという形をとっています。しかし、その進め方ができる人は限られています。一般的にはコーディネーターが指示して、書記に入力（記述）させる方法が取り組みやすいと思います。

　では、なぜホワイトボードや付箋紙を使わずにパソコンとプロジェクターで行うのでしょうか。

　戦略につながる意見やアイデアは鮮度が大切です。付箋紙に書いた意見を集約するために別の時間をとったり、小さな文字のために遠くの人からは見えなかったりと、付箋紙を使った検討には限界があります。パソコンとプロジェクターであれば、大きなスクリーンに画面を写し、その場で意見を入力し、その場で消去したり新たな表現に直したりと、フレキシブルに表記変更・修正追加、メモ書きが可能になります。また、細かい表現方法や固有名詞もそのまま入力が可能です。ビジュアルとして集められた情報（意見）を一元化することで、シートと説明書きが「別々」であったり「複数の資料を見ないとわからない」といった状況をなくすことができるのです。

　ただし、実際に経験するとわかるのですが、細かい表現や説明書きをある程度パソコンに入力しておかないと、1か月後の仮説検証で調査をしようとするとき、ここで議論した微妙なニュアンスが汲み取れない場合があります。細かい背景を忘れているのです。もちろん、パソコンとプロジェクターにも限界があります。映し出される範囲が決まっているので、ダラダラと長い文章を書けば、おのずと見にくくなります。表現方法や記載方法のテクニックも必要になってきます。

4. SWOT分析成功の要点　準備〜検証

(1) ステップ1：準備

① SWOT分析事前学習

　たとえば、1か月後にSWOT分析検討会を実施するとしましょう。何も準備せずに、いきなりSWOT分析に参加しても、その趣旨や内容、動機づけから始めると、大事な検討時間が極めて少なくなってしまいます。筆者は以前、参加者に対して、SWOT分析検討会の前に動機づけ勉強会を行い、そこで検討会の目的や進め方などの説明をしていました。そして1〜2週間後にSWOT分析検討会を実施するのがオーソドックスなパターンでした。今でもそういうニーズのある企業では、事前動機づけの勉強会を行っています。

　しかし、SWOT分析の経験が少なく、専門家とは言えない人が行う場合（社内コーディネーターの場合）は、説明も一般論になりかねません。一般論の宿題（機会、強み）であれば、初日から検討会を始めてもあまり差がないかもしれません。

　事前宿題を出すということは、**検討会までに「リアルな情報をわかる範囲で集めておいてくれ」という意味**です。ですから、**検討会前に何らかの動機づけ勉強会を行うことは必須**と言えるでしょう。

　筆者は最近、「中小企業のSWOT分析シリーズ・業種別のSWOT分析DVD」を事前に配布して、見てもらっています。学生時代の勉強と同じで、こうした予習をすると、何もしないぶっつけ本番よりも効果は上がるものです。

②事前宿題：「機会」「強み」シート

　SWOT分析検討会前の事前宿題では、最近は「機会」と「強み」の2種類に限定するケースが増えています。「なぜ脅威と弱みを宿題にしないのか」と質問されることがありますが、「脅威」と「弱み」は改めて宿題にせずともすでにわかっていることでしょうし、暗い話をさらにアラ探しして、予習段階で自信をなくさせてしまう必要もないでしょう。

　事前の勉強会では「機会」宿題シートの内容説明を行います（機会の30項目の内容はステップ2で詳述します）。「Ⅳ-1　『機会』『可能性』分析シート」の宿題では、全部を埋める必要はなく、自分なりに気づいたことがあれば、顧客から事前に意見聴取をしておくように指示します。

　「強み」についても同様です。事前の勉強会で、どういう点に着目すべきかを説明します。「Ⅳ-2　『強み』分析シート」では30項目の観点からチェックしていきます。

SWOT分析検討会までに時間があれば、「強み」については参加者同士で意見を調整しておくと、検討会は円滑に進むことでしょう。

■シートⅣ-1　『機会』『可能性』分析シート（82ページ）
■シートⅣ-2　『強み』分析シート（83ページ）

③ SWOT分析検討会の開催要項と参加要員

　SWOT分析検討会を行うには、それにかける時間によっていくつかのパターンがあります。筆者がお勧めするのは、やはり終日研修です。**1日たっぷりと議論を重ねることで、いろいろな意見や可能性のある戦略が出てきます**。本章の末尾に1日研修のパターン（「Ⅳ-3　SWOT分析1日研修案内」）を掲載してあります。1日たっぷりと時間がとれない場合は、2～3時間を数回に分けてというパターンもありますが、どうしても議論が集中せず、戦略が総花的になりやすい傾向があります。

　「Ⅳ-3　SWOT分析1日研修案内」は、会計事務所が主催し、筆者が講師を務めたケースの案内文です。社内でSWOT分析検討会をする場合も時間配分はおよそこんな感じでしょう。ただSWOT分析検討会は、あくまで「仮説を立てた」に過ぎないので、検証後の再検討が必要になります。その再検討は半日でよいでしょう。

　次に参加者の人数ですが、筆者の経験から、**8人未満がいちばん進めやすいように**思います。10名以上ですと、参加者意識に濃淡ができ、全員が自発的に意見を述べ合うことが難しくなります。

　SWOT分析検討会は、普通の会議形式ではなく、ブレーンストーミングによる深い考察の場であったり、ワークショップ形式だったりします。

　メンバー構成も重要ですが、これがけっこう難しいのです。今の会社の実態をよく知っているのはベテランの管理職クラスですが、**業界の慣習にドップリと浸かっている彼らからは斬新な発想は出にくいものです**。また、理論どおりにできない理由もよく知っているので、どうしてもネガティブな意見になりやすいという側面があります。反面、若手だと発想は斬新かもしれませんが、今一つ業界事情に精通していない場合があり、これも「自己都合」の戦略立案になりかねません。

　では混合型ならどうでしょうか。これもベテラン管理職クラスのネガティブ意見に若手が押し切られるケースが多いようです。したがって、若手であろうがベテランであろうが、**5年後10年後もこの会社・事業所で頑張らなくてはならない経営幹部層に絞り、該当する人材がいなければ、経営者や後継者、一部幹部のみで実施する**という選択肢も考えられるでしょう。

　また、「研修だから、なるべく多くに参加させたい」ということもありますが、多人数では意見がまとまりにくいので、やはり少人数のほうが適しています。SWOT分析検討会は普通の研修ではなく、**経営戦略を立案する場**ですから、戦略立案の意見

や思考がない該当者は最初から外すべきなのです。

■シートⅣ-3 SWOTクロス分析作成 1日研修会のご案内（84～85ページ）

(2) ステップ2：SWOT分析検討会

①SWOT分析シートをプロジェクターに映し、パソコンで入力する

　コーディネーターまたは書記は、パソコンからSWOT分析検討シートをプロジェクターに投影します。これからの討議では、各意見を簡便にわかりやすく見えるために、表現や同意見等を集約整理し、入力していきます。

　「Ⅳ-4　SWOT分析検討会記入シート」には、事前宿題に出しておいた「機会」「強み」を発表してもらいながら入力していきます。同意見は同じ表現にして修正し、集約します（単に意見を羅列して書かない。画面が膨大になって検討しにくくなります）。

　「機会」「強み」について意見が出つくされたら、「脅威」「弱み」に移りますが、先述した理由により「機会」「強み」ほどの時間はかけないようにします。

■シートⅣ-4　SWOT分析・クロス分析　記入用シート（86～87ページ）

②「機会」は「タラレバ」の30のヒントからブレーンストーミングする

　SWOT分析の一番のポイントは、「機会分析」にどれだけリアルな可能性を見出せるかにあります。第Ⅲ章の「SWOT分析の間違った進め方」でも述べたように、ここではマクロ分析ではなく、イメージできるところまでフォーカスした「機会」を選択します。

　「機会分析」宿題シートには下記の30の設問があります。この30の設問は、筆者のこれまでの経験から、**中小企業や小規模事業所の今後の市場性のポイント、可能性を導くときに必要なフォーカスポイントとして創り上げたもの**です。この30の設問を設定することで、参加者もイメージがしやすくなったようで、活発な意見が出るようになりました。

　「30の設問」は「タラレバ」のヒントになります。つまり、「もし、○○があれば、このフォーカスポイントのような□□をターゲットにしたPRができる」というように、「○○したら……」「△△すれば……」と考えることで、現実の状況では不可能なことでも、環境や条件が変われば、少しでも可能性が高くなっていくように導く、という意味があります。

	機会の「タラレバ」のヒント	考え方
①	同業者や異業種を参考にして、**高付加価値のニーズに対応した「高価格商品」を実現**するには、どんな具体的な商材・サービスを開発、開拓すれば可能か	どんな高付加価値に顧客は関心を示すか。ブランド力がある企業や商品はどんな理由で高くても買うのか
②	現在の商材に対して、サービスや機能、容量、頻度、手間を大幅に減らし、どういう**「低価格商材」を実現すれば、販売チャンスは広がるか**	単に値下げするのは利益を下げる。ある機能やサービスを削って低価格にしても、顧客には何の不便も問題もなく、購入してくれる商品はどんなものか。
③	Web、Facebook、ツイッター等、ITのさらなる普及をどう上手に利用すれば、販売増になるか	SNS（ソーシャル・ネットワーキング・サービス）やタブレット、スマホなどどんどん変化するインターネットに対して、どんなことに、どんな商品をぶつければ、商機が来るか
④	**顧客（消費者）の「品質面」のニーズに応える**には、どういう具体的なサービスや付加機能の提供、品質を高める体制が可能か	顧客が求める安全性等の品質基準に自社が対応できるなら、そのことに特化・ブランド化することで拡販ができないか
⑤	**顧客（消費者）の「嗜好性」**に、どういう商材・どういうサービスを開発すれば、販売拡大が可能か	顧客の嗜好性や好みの変化はどうか。どういう嗜好性のポイントを強調すればよいか
⑥	**顧客の不便さの解消につながる商材**やサービスは、どういう点を強調すれば販売増が可能か	顧客の不満で、顧客が費用を出しても何とかしたいと思っている要素は何か。どこにフォーカスすればPRがうまくいくか
⑦	あえて**「無料」「フリー化」**にすることで広がるビジネスはどんなことが考えられるか	ある商品・サービスを無料、使い放題にした場合、どんなメリットが生まれ、それはどんな売上増につながっていくか
⑧	**自社の従来からの位置づけを、「納入業者」から「仕入先」または「外注先」「アウトソーシング先」に変えた場合、どういう商材なら可能性があるか**	原価関連の納入先か、経費関連の納入先かにより、すでに取引関係のある顧客に、次元の異なる商材を提案するメリットはどうか

⑨	現在の市場（営業地域）だけでなく、**域外、海外などのエリア拡大**をすれば、どういうチャンスが生まれるか（販売面、調達面も含めて）	県外、ブロック外、国外に今までどおりの拠点展開以外で、Web、コラボや提携等で小資本で展開可能な方法によって、どこにどう営業すれば可能か
⑩	**Webを活用して、通販、直販、顧客との直接のネットワークを構築**すれば、さらにどんなビジネスチャンスの拡大が可能か	「インターネットで売れない商品はない」といわれるなかで、既存商品や新商品をWebで売るためには、どんな規格で、どんな手法で、どんなサイトで行えば可能か
⑪	**顧客との共同開発、OEM（相手先ブランドによる製造）等、顧客との相互取組によるチャンス**はどういうことが可能か	こちらから提案するような顧客のPB（プライベートブランド）商品や、共同開発による双方のコスト削減、その後の自社ブランド商品への展開など
⑫	ネーミング・パッケージ・容量・流通ルートなどを変えることで、**新たな顧客の取り込みや既存客のアイテムにつながる可能性**はないか	販売ターゲットを変えることで、既存商品の見た目、規格変更、流通ルートの変更はどんなことが可能か
⑬	既存商品の「**周辺サービス**」「**周辺業務**」「**周辺商品**」を受注しようとすれば、どういう商材が可能か	既存商品では競合との価格競争になるが、既存商品の周辺商品・サービスをパッケージ化することで、同業者にも営業が可能なことはないか
⑭	既存商品の「**リペア・リサイクル・リフォームによる低価格の付加価値商品**」を特定商材やサービスで実現することで、販売拡大が可能になるとすればどんなことか	財布の紐が固い時代、買い替え頻度が延びて、本商品を長持ちさせるというニーズに応えて、3Rを商品パッケージにするにはどんなことがあるか
⑮	**技術革新や輸入品等で新たな代用品や代替品を仕入れることができれば**、どういうチャンスが広がるか	外国為替の状況にもよるが、今の仕入商品や規格を変更して低価格や高品質、業界秩序外の販売が可能となるのは何か
⑯	**別ブランド等を、直販、通販、ネット販売等の直接販売**で、どう具体的に展開すれば、新たなチャンスにつながるか	既存商品や今の会社名では直販が難しい場合、別ブランドによるネット通販とか、直販店などの新たな独自チャネルはできないか

4. SWOT分析成功の要点　準備〜検証

⑰	今の商材の使われ方・用途を変えることで、**新たな用途開発につながる「価値転換」**があるとすればどういうことか	今の商品の今の売り方、今の使われ方以外の価値は何か。その場合、どんな開発が必要で、どんな流通ルートに乗せられるか
⑱	同業者や競合他社をライバルとしてではなく、**顧客・ネットワーク**と考えた場合、どういうビジネスチャンスを広げることができるか	自社のある商品を同業者にも売れないか。また同業者とコラボや提携することで、新たな可能性のある分野は何か
⑲	同業者の二番煎じで**マネしたい戦略**は何か。どうしてその戦略は有効だと思うか	「柳の下にドジョウは2匹まで」—同業他社のやり方で圧倒的なシェアを持っているなら、同じことをしてみる
⑳	同業**他社独占のオンリー客を攻めて顧客開拓**をするとしたら、どういう武器をぶつければ「チャンス」になるか	オンリー客は競合を求めている。オンリー客は同業者もあぐらをかきがち。攻めるポイントがあるはず
㉑	既存客からさらにビジネスチャンスをつかむ**アフターサービスや顧客管理・メンテナンス**は、具体的にどういう強化を図れば既存客売上増が見込めるか	どんな有料のアフターサービスなら顧客は納得するか。ライバルと差別化できるアフターサービスは何か。アフターサービスをブランド化するには何が必要か
㉒	今まで無償だったサービスの品質を上げて、どんな**有償サービスを開発**すれば顧客は費用がかかってもそのサービスを求めると思うか	サービスを有償化することで、顧客が費用を出しても求めるサービスがわかる
㉓	**顧客がアウトソーシングしてでも手間を省きたい、または「どこかの業者がやってくれるなら丸投げしたい」**と思っていることは何か	顧客が面倒くさがっていること、顧客が困っていることで、自社の少しの努力で対応できることは何か
㉔	**仕入先や仕入商品を変更したり切り替える**ことで、どんな可能性があるか	既存の販売ルートや販売権をもった営業、系列のような付き合いが邪魔になって、新たな動きができないなら、仕入を変えることでできるものは何か
㉕	今の製品や商品を使って、**新しいビジネスや今までとは全く異なる販売先**ができるとしたら、どんなところか	今までの販売系列だけでなく、違う流通ルートが勃興している場合や個人取引が今後増えるなら、どんな動きをすべきか

㉖	**円安・円高で、輸出入品の価格変動**があれば、どんな可能性が出てくるか	ここは経済に左右される分野。今は円安傾向だが今の経済状況で輸入コストが上がっているなら、代替商品が国内産になるなど
㉗	**政府の成長戦略**である金融緩和やインフラ整備、規制緩和から、どんな可能性が出てくるか	ここは政治に左右される分野。東京オリンピックを見据えた動き、老朽化インフラ対策、規制緩和からできることなど
㉘	**少子高齢化**で、ある特定分野にフォーカスした場合、自社にとってビジネスチャンスは何か	自社に関連があるビジネスで、少子化で享受できる具体的なメリット、高齢化で生まれる新たな需要は何か
㉙	中国、韓国との軋轢から、**東南アジアにビジネスチャンスを広げる**動きのなかでどんな可能性があるか	地政学的リスクであり国際問題であるが、自社独自でなくても多様なネットワークを通じて可能なこと
㉚	その他、少しでも**外部環境から自社にメリットがある動き**は何か	消費者意識、生活スタイル、温暖化、環境保護、新技術の動き、TPP、規制緩和等、マクロ・ミクロを含めた変化からどんな可能性があるか

　該当しない項目は削除してもかまいませんが、表面的に見れば該当していなくても、角度を変えてみれば該当する場合もあることに留意してください。

③「強み」を導き出すポイント

　第2章で、「強み」≠「よい点」であると述べました。
　「強み」は具体的に1つひとつ掘り下げる必要があります。
　「強み」は単独ではあまり貢献度が少ないかもしれませんが、「機会」に使える「強み」になった時点で「積極戦略」の武器になるのです。
　では、「強み」をどういう視点で見るべきでしょうか。

	強みのヒント	こんな点が「強み」になる
①	「強み」につながるこだわり	その「こだわり」が評価されて、差別化になっており、収益に直結していること（収益に貢献しないこだわりは一人よがり）

②	「強み」につながるアフターサービス体制	リピートを決めるアフターサービスがブランド化され、アフターサービスで顧客から紹介があるくらいなら大きな強み
③	「強み」につながる熟練度・専門性知識力	ベテランが持っている技能知識が、他社と比較してわかりやすいPR力を持っている（わかりにくいのは強みになりにくい）
④	「強み」につながる設備力（顧客要望や収益を生むかどうか、生産設備、車両、建屋等の設備）	今持っている有形資産が、顧客（今の顧客以外も含む）の買う理由になれば強みである
⑤	「強み」につながる価格圧力への対応力（商品別のコスト対応力）	特定商品なら価格適応力があれば、それを武器に顧客開拓もできる
⑥	「強み」につながる迅速な体制・クイックレスポンス	ホームページやパンフに掲載できる「○時間以内対応」など顧客に約束ができれば強み
⑦	「強み」につながる短納期対応力	短納期はかなりの強みである。または小口対応、別注品も短納期は勝負ができる
⑧	「強み」につながる物流体制・物流機能	物流体制の優劣は大きな差別化要因である。業者活用と自社便、センターの有無など
⑨	「強み」につながる意思決定のスピード・現場への権限委譲	本社集中権限だとスピード感に欠ける。現場担当者に権限が大きいと同業者より有利
⑩	「強み」につながる垂直統合の一貫体制	自社内または自社グループで企画、設計、製造、物流、販売まで行い、ワンストップでスピーディなら強み
⑪	「強み」につながる水平展開	商品機能や技術が横展開可能かどうか、また他企業とネットワークを組んでアウトソーシングすることで具体的な強みがあるかどうか
⑫	「強み」につながる新商品の情報、開発機能	新商品の開発につながる情報収集手段、開発能力、開発期間などがライバルより優位性があるかどうか
⑬	「強み」につながる商品バリエーション・品揃え	商品の品揃え自体は顧客からメリットだが、多面的な販売先がないと在庫負担になる弱みもかねている

⑭	「強み」につながる差別化技術・差別化ノウハウ	ある特定部分の技術、ノウハウで差別化できていて、かつその差別化は顧客が喜ぶこと
⑮	「強み」につながる顧客との関係の深さ・マーケティング力	マーケティングで他社より上手な点。最近ではWebマーケティングもリアルと同じくらい重要
⑯	「強み」につながる顧客が面倒臭がることへの対応、顧客の要望の具現化	顧客が喜んでも費用を払わない、自社だけがきつい思いをしているだけなら、強みにはならない
⑰	「強み」につながる知的財産	知的コンテンツ、特許、商標登録、ロイヤリティ収入等
⑱	「強み」につながる地理的優位性	場所はいろいろな商売をするうえで重要。その地理がどう魅力的か
⑲	「強み」につながる思い切った投資ができる資金力	資金力は、設備投資、人材採用等コストに対応できるのでかなり大きな強み
⑳	「強み」につながるブレーン、ネットワークの充実	どんな人を知っているか、どんな企業が支援してくれているか、どんなネットワークを持っているか
㉑	「強み」につながる社内の技術的優位性	技術面で顧客開拓に直結できる優位性
㉒	「強み」につながるソフトウェア力（ソリューション提案）の優位性	本商品の取引だけでなくソフトサービス面で強みは何か。そのソフトがハッキリと顧客との差別化になっていなければ強みとは言えない
㉓	「強み」につながる取扱商品の販売権、独占権	取扱商材が権利で守られているなら、その権利がある間は強みになる
㉔	「強み」につながる顧客が喜ぶIT環境	受発注や在庫管理がIT活用でリアルタイムに顧客に対応可能なら強みといえる。それが差別化の条件の場合は特に強みになる
㉕	「強み」につながるIT、Web、SNS等が活用できる社内体制	自社のIT環境を使えば顧客との情報共有が迅速化するとともに、開拓したい企業の取引条件なら強み
㉖	「強み」につながる組織の多様性・多能性（フレキシブルに事業転換ができる組織）	専門的固定的な組織が顧客ニーズに応えられない場合、多能工が多いとかフレキシブルな組織は強み

4. SWOT分析成功の要点　準備～検証

㉗	「強み」につながる法規制・規制緩和などの行政面の保護、関係性	法律改正や行政からの方針、規制が自社をガードし取引条件になっているなら強み
㉘	「強み」につながる顧客層・エリア	具体的な顧客カテゴリーがどこか、どんな特性の顧客に強いのか
㉙	「強み」につながるサービス	自社が行っているいろいろなサービスで顧客が評価していること
㉚	その他「強み」につながると考えられること	具体的なものが期待できること

　上記30の項目から自社の強みをいろいろな角度で見ていきます。ただし、業種によってはそのまま使えない項目もあります。ヒントである「強みの考え方」から、自社なりの具体的な「強み」を導き出すようにしてください。

④「脅威」「弱み」はポイントのみ
　「脅威」「弱み」はあらためてアラ探しするまでもなく、意見がどんどん出てくるものです。ヒントは不要でしょう。
　「脅威」とは、これから市場がいかに悪くなる可能性があるかをいろいろな角度から見ることです。**重要なのは顧客の動き**です。顧客も主要な大手顧客だけではなく、小規模の顧客でも、新たな勢力になる可能性のある顧客も含めて、（顧客の）声を聞くことが必要です。
　脅威を検討するとき、ことさら業界の未来を悲観する人がいます。それが大きな流れやトレンドなら仕方ありませんが、自社の努力不足を棚に上げて悲観論ばかり言う場合は、あまり聞き入れないようにしなければなりません。前にも述べたように、**自社がマクロ動向が影響するような企業規模かどうかがポイント**になります。マスコミなどで経済評論家や学者が言うマクロ分析から悲観論を持ち出し、さも自社の環境が悪化しているかのようなことを言う"受け売り評論家社員"の意見には耳を傾けないことです。
　「弱み」とは、同業他社と比較してどこが弱点かということです。これも先述のとおり、「悪い点」ではなく、「**機会**」に使えないネックの弱点に絞り込みます。
　「弱み」は、機会や可能性にチャレンジしたいが、それを妨害するのが自社の弱点であるので、それ以外の「悪い点」「改善点」はなるべくはずして検討します。そうしなければ正直、時間のムダになってしまいます。

(3) ステップ3：クロス分析

①クロス分析の「積極戦略」には固有名詞と概算数値が必要

ひと通りSWOT分析が終われば、次に「**積極戦略**」を検討します。ここには**最大限の時間配分**を行います。ここでの検討にこそSWOT分析の肝があるからです。

「Ⅳ-5　SWOT分析クロス分析概念図」を見てください。

「機会」に使える「強み」をそれぞれ掛け合わせて、固有の「積極戦略」を出していきます。

実際に検討していると、**固有の積極戦略は複合的にからんでいて、「1つの機会に1つの強み」ということではなく、新たな戦略が出てくるケースがあります。**

「機会」×「強み」の掛け合わせも複数体あってもよいのです。この場合、表現に注意をしないと、いろいろな言葉が乱立して、何がコア戦略なのかわからなくなります。

第Ⅴ章の16業種のケーススタディにもあるように、「機会」と「強み」の表現の掛け合わせだけで「積極戦略」が書かれてないことがわかると思います。これは、議論をしている間に、いろいろな参考意見が出て、より具体的な対策を見出すことができるからです。

■シートⅣ-5　SWOT分析・クロス分析の概念（88～89ページ）

次に概算数値の考え方をみてみます。戦略の方向性やその内容にある固有名詞が固まらないと、数値の把握まではいけないかもしれません。しかし、積極戦略で固有の具体策が出れば、その対策からアバウトでいくらぐらいの「皮算用」ができるかを記入することは可能です。皮算用ですが、**期待が持てる皮算用なら、その戦略に対する意識も行動も上がっていく**はずです。

どうなるかまったく見当もつかない「総論的な戦略」よりも、皮算用であっても数値を検討することで、「ひょっとしたら、かなり可能性があるんじゃないか」と期待をもてるのはいいことです。ただし、過度な期待は禁物です。積極戦略の表現としては、以下のことに留意してください。

1. 「機会」のどの分野やターゲット（顧客・商品等）に、「強み」のどの部分を掛け合わせた結果、どんな効果が期待されるのか
2. 戦略や具体策が固有名詞・具体的名称でイメージでき、どういう行動をとればよいか
3. 固有の「積極戦略」が自己都合の勝手な解釈になっていないか（機会を客観

的に見ているか）
4．総論、抽象論の「積極戦略」の場合は、掘り下げた表現になるよう再度議論しているか
5．逆に戦略というよりは、戦術の具体策のように、単なる方法論になっていないか

②「致命傷回避・撤退縮小戦略」は、本気度を示す勇気ある決断

　第Ⅰ章でも述べたように、もともとSWOT分析では、「脅威」×「弱み」＝「専守防衛・撤退」という表現になっていますが、筆者は「致命傷回避・撤退縮小戦略」というようにしています。

　「致命傷回避・撤退縮小戦略」では、大きく2つに方向性が分かれます。「致命傷回避戦略」と「撤退縮小戦略」です。

　まず、既存事業の主力商品自体が脅威にさらされ、しかも自社の弱点も露呈し、業績が厳しい場合は「致命傷回避戦略」となります。主力商品であるがゆえに、撤退も縮小もできないのであれば（即倒産につながるため）、致命傷回避ができる戦略や対策を決めなければなりません。今のままでは致命傷になりかねない（このままだったら破たん）ということですから、何かをしなければならないのです。

　一般に考えられる「致命傷回避戦略」とは以下の内容を言います。

1．顧客・エリア・チャネル・ルートの選別（利益の出ない顧客のカット）
2．商品の選別（デメリットの多い商品のカット）
3．可能性のある戦略への集中化
4．事業戦略の仕分けと絞り込み
5．コスト見直し・経費大幅削減
6．内製から外注・アウトソーシング化
7．人員配置の見直し
8．社内業務の仕分け・職務範囲の見直し（コア業務への人事シフト）
9．資金使途の制限（投資先の絞り込み）
10．その他

　次に「撤退縮小戦略」ではどういうことを念頭に置くべきでしょうか。「致命傷回避戦略」と同様ですが、さらに厳しい戦略となります。具体的にはリストラ型の戦略や対策ということになります。それは、人員削減、拠点撤退、商品カット、顧客カット、支出カット、資産売却等事業規模の縮小を意味します。

　一般的に、これら「**致命傷回避・撤退縮小戦略**」を決めるのは経営陣です。したがっ

て、SWOT分析検討会は役員クラスだけで行うべきです。もし一般の幹部社員が入っている場合は、**あまり議論しないほうがよいでしょう**。役員でもない従業員がいると、議論しただけであっても噂が社内に広まって社員に動揺をきたしてしまい、SWOT分析を行うメリットがなくなります。

　また、経営者が「危機感をもってほしいから」という理由で、致命傷回避・撤退縮小戦略の議論に従業員を参加させる場合がありますが、優秀な若手ほど危機感ではなく、「危ない船から離れよう」と離職を促進する結果にもなりかねません。

　致命傷回避・撤退縮小戦略を選択するのは、経営者の決断です。筆者は、この決断ミスがその後の経営に大きな打撃を与える姿を枚挙に暇がないほど見てきました。積極戦略は前向きな判断ですから、資金と人さえ何とかなれば判断はつきます。しかし、致命傷回避・撤退縮小戦略は最終責任をもつ経営者の職務です。幹部からの（悪い状況の）情報を受け止めることは大事ですが、それによる戦略を「決める」のは経営者なのです。

③「改善戦略」には、中期ビジョンで「弱み」を克服

　「改善戦略」のポイントは、「機会」である市場ニーズはあるのに、「弱み」がネックになって積極戦略を打ち出せないので、時間をかけて「弱み」を克服することにあります。まずは自社の具体的な弱みを改善するための対策を中期計画の中に設定し、取り組んでいくことになります。

　たとえば、人材の問題で「可能性ある分野」に取り組めないのなら、対策は「できる人材を採用する」か「今いる人材を教育する」ことが基本になります。しかし、事はそう簡単ではありません。

　できる人材を採用する場合、必要な人材が専門職であればそれなりの給与・報酬が必要になります。しかし、今の給与体系では高給が出せません。したがって、給与体系や人事制度の改革と同時進行で進めなければなりません。ですから2～3年の中期計画になるのです。

　また、今いる人材を教育するといっても、今の仕事をしながら、どう教育するのでしょうか。そのために余剰人員を抱えることもできないのであれば、多能スキル育成の準備をしなければなりません。多能スキルを育成するには、業務の見直し、技能の再定義、スキルアップ作成、技能育成計画の作成など、その準備から実施までにいくつかのプロセスを踏む必要があります。やはり、これも1年以上はゆうにかかるはずです。

　「資金の問題」がネックであれば、さらに時間がかかるかもしれません。「積極戦略」や「致命傷回避・撤退縮小戦略」でキャッシュを作るか、経営改善計画で金融機関から融資を受けるかどうか、受けられるかどうかで決まります。キャッシュがなければできないような改善の投資は現実的な対策とは言えませんから、**資金的な条件がある**

戦略はあまり書けないことになります。

　改善戦略では、こうしたところまでのプロセスを考慮したうえで検討してほしいものです。そうでなければ、中期計画に入れても「絵に描いた餅」になる確率が高くなります。

④「差別化戦略」は中小企業にはレアケース

　差別化戦略は、市場でのニーズもなく、マーケット的には厳しい状況であるが、それでも自社の「強み」が明らかにあることを指します。これは、3つの方向性に分かれます。

　まず第1は、マーケットが厳しい状況なら、同業者も撤退縮小をするかもしれないということです。資金力や他の収益源があれば、**他社が手を引くまで我慢して事業を続け、残存者利益を得ること**も可能です。

　第2に、マーケット自体は脅威であっても、自社が圧倒的に強い立場であるなら、**提携やM&A（企業の吸収合併）を通じて、圧倒的なナンバーワン戦略**をとることもできます。売りたい相手にとっても、自ら敗戦処理するよりは、どこかが買ってくれたほうが雇用も守れるし、本音（建前ではプライドがあって看板を守りたいかもしれませんが）のところでは都合がよいはずです。

　第3は、やはりマーケットの可能性は脅威ですから、**自社に強い部分があっても、撤退縮小戦略**をとることです。アメリカの大手企業のように、「今はまだ儲かっているビジネスでも市場シェアが3位以下のビジネスなら撤退する」というものです。事業の選択と集中という観点から言えばそうかもしれませんし、収益があるうちに売却すれば高値で売ることもできます。

　ただし、この差別化戦略は、中小企業や小規模事業所ではめったにないケースと言えるでしょう。

(4) ステップ4：展開

①**クロス分析の優先順位付けは感覚ではなく数値で判断**

　クロス分析では、「積極戦略」も「致命傷回避・撤退縮小戦略」も複数の対策が生まれます。それぞれ概算数値を出し、基本的にはいちばん効果が大きいところから優先順位をつけることになります。ただ、効果が大きいことが最優先課題かというと、あながちそうでもありません。

　効果が大きいということは、それなりの意思決定が必要ですし、そこに至るプロセスも相当なものになります。たしかに、半端なことや傍流のことは一切せず、メインの対策に集中すべきだとは思いますが、取り組みやすさや効果が早いという要素も、組織のモチベーションを高めるうえでは無視できません。

そこで筆者は、「どこから手をつけるか」と悩んだときには、公平な判断の尺度として「Ⅳ－6　SWOT分析クロス分析優先順位判断基準シート」を使うようにしています。このシートは、各方面の点数によって数値で優先度を決めるための基準シートと言えます。

　1の「実現可能性度」とは、今のレベルでクロス分析の具体策がどれくらい「実現の可能性があるかどうかの評価」です。たとえば、90％以上は5、80％以上は4、70％以上は3、60％以上は2、50％以上は1として、5段階で評価するわけです。パーセンテージで評価しにくいのであれば、実現可能性が高いなら5点、検討してみたものの実現性が難しいものは1点とします。

　2の「抜本対策度」とは、自社の事業戦略の構造を変える「抜本対策かどうかの度合い」です。事業構造を大幅に変える可能性があれば5点、少し改善ができた程度の対策なら1点とします。

　3の「点数の配点」では、以下の内容についてそれぞれ5点満点で評価します。

- 売上金額の貢献度
- 新規顧客・新チャネルづくり貢献度
- 原価・固定費削減の貢献度
- 人件費の合理化の貢献度
- 品質の向上による貢献度
- 業務効率向上の貢献度

　度合も高く効果が高いなら5点、度合が若干あっても効果に疑問があれば1点と配点してみます。その合計点と平均点を出し、点数の高いほうが優先順位が上ということになります。

　「積極戦略」と「致命傷回避・撤退縮小戦略」はそれぞれ別に評価・配点します。このようなまどろっこしい判断はせずに、直感的に優先順位を決めてもそう大きくは変わらないかもしれません。経営者の直感的な判断は、長年の経験に基づくものですから、たしかに重みはありますが、一般社員を含めた検討会では、参加者の"納得"を得ることも重要です。

　これらの数値評価は、誰もが納得しやすいものと言えるでしょう。

■シートⅣ－6　SWOT分析・クロス分析　優先順位判断基準シート（90～91ページ）

②固有戦略をアクションプランにつなげる

　点数配点による評価で優先順位が決まれば、「積極戦略」「致命傷回避・撤退縮小戦略」それぞれを実施するためのアクションプラン（行動計画）を作成します。

「Ⅳ-7『積極戦略』『致命傷回避・撤退縮小戦略』アクションプラン」のフォームを見てください。アクションプラン（行動計画）は、とくに単年度対策として行動プロセスまで落とし込んでいきます。

「Ⅰ積極戦略からの実施対策」は、積極戦略のなかでも優先順位の高いほうから記入します。クロス分析時にダラダラ詳しく書いているのであれば、ここでは表現をまとめておきます。クロス分析時に書かれた細かい表現は、「Ⅲ今期の実施対策とモニタリングスケジュール」で再記入します。同様に「Ⅱ致命傷回避・撤退縮小戦略からの実施対策」も、優先順位の高いほうから記入していきます。

固有戦略のアクションプラン作成で重要なのは、行動できる状態までプロセスをスケジュール化することです。各欄に何を書けばよいのか、そのポイントを以下に記します。

□実施対策
　Ⅰ・Ⅱの実施対策をそのままコピー＆ペーストする。
□実施対策を実行するために必要な準備、段取り、詳細内容
　「実施対策」を実行しようとすれば、最初の行動は何か、「誰が」「何を」「どのように」「いつまでに」と行動の段取りを決める。「準備面の行動」では根回しはどうするか、「実際の行動面」では具体的な動き、「検証やチェックの行動」ではどうするかを具体的に記す。
□誰が行うか、または担当部門
　担当は固有名詞を書く。〇〇部という表現ではなく、A部長と書く。
□いつまでに形にするか
　段取り項目の最終仕上げ期限。下に行くほど、実施対策の最終期限になる。
□第1四半期中にどこまで進めるか（予定）
　3か月単位で行動予定を入れる。これは「段取り」をさらに詳しくする。「〇月の□会議で報告や提出」と書いていればその後のチェックがしやすくなる。
□第1四半期中にどこまで進めるか（結果）
　ここでは、実際にチェックした会議の結果を記入する。済んだのか、未実施なのか、未実施であれば、新たな追加予定を、「次の4半期の予定」欄に日程とともに記入する。
□第2・第3・第4四半期中にどこまで進めるか
　第1四半期と同様に実施期限、確認会議、実施結果を記入する。

■シートⅣ-7　「積極戦略」「致命傷回避・撤退縮小戦略」アクションプラン（92～93ページ）

③仮説検証のためのヒアリング調査内容の確定

　積極戦略も致命傷回避・撤退縮小戦略の固有対策も、アクションプランに入ってから行動に移しますが、まだこの段階では仮説であり、その検証のためのスケジュールがアクションプランにも入っているはずです。

　戦略の内容によっても異なってきますが、**仮説検証期間は3か月から長くても6か月以内が妥当**です。これ以上長くなると、日々の業務に追われ、仮説検証のための行動は影を潜め、また仮説への思いも希薄化し、クロス分析自体が"過去の話"になっているかもしれません。

　検証で重要なのは、積極戦略や致命傷回避・撤退縮小戦略をリサーチするために、顧客や仕入先、その他の機関からどのようなヒアリングをするかです。ヒアリングの仕方がまずければ、積極戦略の検証結果も異なり、間違った選択をするかもしれません。筆者が推奨するのは、**特定の幹部クラス（経営者を含む）が、顧客のカテゴリー別（ランク別、シェア別、規模別、決定権者レベル別）に数十程度のじっくりした調査を行うやり方**です。

　営業マンからアンケートや聞き方がバラバラな1,000の情報が上がってきても、答えの分類グラフはできるでしょうが、その反応はリアルなものではありません。また、聞き方に関しても、顧客に対して「当社は今後どうすべきだと思いますか」などと単刀直入に聞く人はまずいないでしょう。聞き方には、顧客が話しやすい聞き方、顧客の潜在的需要を聞き出す聞き方があります。そのときに使えるのが、「**機会**」分析で使った「**タラレバ**」です。「もし、当社が○○を投入したら、どうなるでしょうか？」など、仮説の話から相手の真意を聞き出すのです。そういう聞き方を積極戦略の内容ごとにあてはめていくのです。

　こうしたことで得られる顧客の反応や答えから、もしかすると、積極戦略で立てた実施対策とは違った意見が聞けて、再検証が必要になるかもしれませんが、それはそれでありがたいことだと言えます。

(5) ステップ5：検証後再検討

①検証結果報告会議

　仮説を検証するためのヒアリング調査の結果、積極戦略や致命傷回避・撤退縮小戦略の「方向転換が必要か」「部分修正が必要か」「そのまま適用可能か」の判断をしなければなりません。それが「検証結果報告会議」です。

　SWOT分析検討会後、3～6か月以内に再度、終日研修スタイルで顧客の生の声の分析結果から最終決定します。

　経営者のなかには遅疑逡巡して物事を決められずに、「再度調査を」という人がいます。戦略判断のミスは経営にとって大きな痛手になることは間違いありませんが、

決断できない経営者も困ったものです。慎重であることはよいことですが、何のためのSWOT分析検討会であり、何のための仮説検証調査だったかということを忘れてはいけません。

　実際に仮説検証を何回も繰り返しても、元の木阿弥になることが多いのが実態です。そのような経営者は、SWOT分析をしようが、PPM分析をしようが、決断することができない人たちなのです。

SWOT Column ②
就活に効く「パーソナル SWOT 分析」

　パーソナル SWOT 分析は性質上、「機会」「強み」「弱み」を分析するもので、クロス分析も「積極戦略」と「改善戦略」しかありません。

　「**機会**」は、「目指す業界・分野が期待される可能性」の分析です。「なぜ、その業界がこれから期待されるのか」「その就職したい業界に対して、あなたの「強み」をどう活かせば、相手（面接者）は welcome な態度になるか」を客観的に検討します。さらに「目指す業界、企業はどんな人材なら採用すると思うか」という視点で、企業側の立場になったつもりで整理します。

　ポイントは「採用ホームページや企業研究の結果、その業界、企業は、どんなスキルのある人材を望んでいると思うか」「その企業、業界が、数いる求職者を差し置いて、あなたを選ぶとしたら、それはあなたの何を期待してのことだと思うか」を考えることです。一言でいうと、「求人先が求める人材像を知る」ということです。

　企業側は「あなたを採用して当社にはどんなメリットがあるか」を考えながら面接をしていますから、「あなたを採用するメリットと企業側の人材ニーズ」がマッチングすれば、基本的に面接は突破できます。

　「**強み**」のポイントは、学生なら「学生時代に学んだ知識と体験が、その企業の何に活かせるか、具体的な根拠」を出すことです。転職希望者なら「前職で積んだ専門知識や職務経験が、どのようにその企業に貢献できるのか、具体的根拠」をプレゼンすることです。よく「バイトで○○を経験し、仕事の面白味を知りました」などと回答する学生がいますが、大切なのは、その経験の何が役に立つのか、経験した業務のポイント等を企業側の要求とどうリンクさせるかです。自分では「強み」と思っていることでも、相手先企業がそれを望んでいないのであれば意味がありません。

　また、「強み」では、「なぜ、その企業を選んだのかの強い動機＝好きな理由、どうしても入社したい具体的な理由」も大事な項目です。どうしても入社したい理由があれば面接の答え方にも迫力が生まれるし、話の根拠や整合性も出てきます。ただし、「強み」が独りよがりにならないように客観的に考えなければなりません。

　次に「**強み**」と「**機会**」を掛け合わせて、自己 PR のポイントを「積極戦略」として整理します。面接官から好印象をもたれる「テキパキ」「ハキハキ」「サバサバ」の態度的能力は最低限発揮したうえで、採用側に「あなたを採用したい」と思わせる理由（採用したら会社はどんなメリットがあるのか）を明確に表現するのです。

　「**弱み**」では「採用側が嫌うかもしれない態度や癖」を修正しておく必要があります。「面接官が嫌うかもしれない見た目、癖、行動、話し方は何か」「熱意が感じられないとしたら、どこが不足しているか」「採用側が求めているのに、不足しているスキルや資格、経験は何か」――これらを予め認識して、必要な努力をするのです。たとえそのレベルに到達していなかったとしても、「貴社に入社するのであれば必須のスキルと思い、現在○○で学んでいます」と PR するだけでもプラスポイントになります。

■シートⅣ-1　SWOT分析「機会」「可能性」分析シート

会社名	
氏　名	

	可能性のヒント	該当の有無	該当する場合の「具体的な可能性」内容
1	同業者や異業種を参考にして、高付加価値ニーズに対応した「高価格商品」を実現するには、どんな具体的な商材・サービスを開発または開拓すれば可能か		
2	現在の商材に対して、サービスや機能、容量、頻度、手間を大幅に減らし、どういう「低価格商材」を実現すれば、販売チャンスは広がるか		
3	Web、facebook、ツィッター等、ITのさらなる普及をどううまく利用すれば、販売増になるか		
4	顧客（消費者）の品質面のニーズに応えるには、どういう具体的なサービスや機能提供、品質体制をとれば可能か		
5	顧客（消費者）の嗜好性に、どういう商材・どういうサービスを開発すれば、販売拡大が可能か		
6	顧客の不便さの解消につながる商材やサービスは、どういう点を強調すれば販売増が可能か		
7	あえて「無料」「フリー化」を進めることで広がるビジネスは、どんなものが考えられるか		
8	自社の位置づけを「納入業者」から「仕入先」または「外注先」「アウトソーシング先」に変えた場合、どういう商材なら可能性があるか		
9	現在の市場（営業地域）だけでなく、域外、海外などのエリア拡大をすれば、どういうチャンスが広がるか（販売面や調達面も含めて）		
10	Ｗｅｂを活用して、通販、直販、顧客との直接のネットワークを構築すれば、どんなビジネスチャンスの拡大が可能か		
11	顧客との共同開発、OEM（相手先ブランドによる製造）等、顧客との相互取り組みによるチャンスはどういうことが可能か		
12	ネーミング・パッケージ・容量・流通ルートなどを変えることで、新たな顧客の取り込みや既存客の必須アイテムにつながる可能性はないか		
13	既存商品の「周辺サービス」「周辺業務」「周辺商品」を受注しようとすれば、どういう商材が可能か		
14	既存商品の「リペア・リサイクル・リフォームによる低価格の付加価値商品」を特定商材やサービスで実現することで、販売拡大が可能になるとすればどんなことか		
15	技術革新や輸入品等で新たな代用品や代替品を仕入れることができれば、どういうチャンスが広がるか		
16	別ブランド等を、直販、通販、ネット販売等の直接販売でどう具体的に展開すれば、新たなチャンスにつながるか		
17	今の商材の使われ方・用途を変えることで、新たな用途開発につながる「価値転換」があるとすればどういうことか		
18	同業者や競合他社をライバルとしてではなく、顧客・ネットワークと考えた場合、どういうビジネスがチャンスが広がるか		
19	同業者の二番煎じでマネしたい戦略は何か。その戦略はなぜ有効だと思うか		
20	同業他社独占のオンリー客を攻めて顧客開拓をするとしたら、どういう武器をぶつければよいか		
21	既存客からさらにビジネスチャンスをつかむためのアフターサービスや顧客管理・メンテナンスは、具体的にどういう強化を図れば既存客売上増が見込めるか		
22	今まで無償だったサービスの品質を上げて、どんな有償サービスを開発すれば、顧客は費用がかかってもそのサービスを求めると思うか		
23	顧客がアウトソーシングしてでも手間を省きたい、または「どこかの業者がやってくれるなら丸投げしたい」と思っていることはどんなことか		
24	仕入先や仕入商品を変更したり、切り替えることでどんな可能性があるか		
25	今の製品や商品を使って、新しいビジネスや今までとは全く異なる販売先ができるとしたら、どんなところか		
26	円安で輸入品の価格上昇が続くとしたら、どんな可能性が出てくるか		
27	アベノミクスで既存インフラ整備や、成長戦略、金融緩和から、どんな可能性が出てくるか		
28	少子高齢化なかで、自社にとってビジネスチャンスは何か		
29	中国、韓国との軋轢から、東南アジアにビジネスチャンスを広げる動きのなかでどんな可能性があるか		
30	その他、少しでも外部環境から自社にメリットがある動きは何か		

■シートⅣ-2　SWOT分析「強み」分析シート

会社名	
氏　名	

① 「強み」とは、同業他社と比較して、有利な取引条件になっていること（自己満足の強みではない）
② 社内のレベル（例：若い、マナーがよい等）ではなく、顧客ニーズに合った外向けの「強み」であること
③ 顧客が褒めてくれることでも、売上や利益につながってない場合、「強み」ではなく、一般的に「よい点」というレベル
④ 程度の低い顧客（業績貢献の少ない顧客）が認めても、レベルの高い顧客が認めない事項は「強み」に非ず
⑤ 「機会」に少しでも活かせそうな自社の優位性を極大化させること
⑥ 「そんなの強みと言えるのか？」と思えるものでも、角度を変えたら「強み」になる
⑦ 顧客にとっては関係ないことでも、「歴史的にこだわっていること」「捨てられない商品や思い」等を「断捨離」することで「強み」になることもある

	強みのヒント	該当の有無	「機会」に活かせそうな具体的な「強み」
1	「強み」につながるこだわり		
2	「強み」につながるアフターサービス体制		
3	「強み」につながる熟練度・専門知識力		
4	「強み」につながる設備力（顧客要望や収益を生むかどうか、生産設備、車両、建屋等の設備）		
5	「強み」につながる価格圧力への対応力（商品別のコスト対応力）		
6	「強み」につながる迅速な体制・クイックレスポンス		
7	「強み」につながる短納期対応力		
8	「強み」につながる物流体制・物流機能		
9	「強み」につながる意思決定のスピード・現場権限委譲		
10	「強み」につながる垂直統合の一貫体制		
11	「強み」につながる水平展開の分業体制		
12	「強み」につながる新商品の情報、開発機能		
13	「強み」につながる商品バリエーション・品揃え		
14	「強み」につながる差別化技術・差別化ノウハウ		
15	「強み」につながる顧客との関係の深さ・マーケティング力		
16	「強み」につながる顧客が面倒臭がることへの対応、顧客の要望の具現化		
17	「強み」につながる知的財産		
18	「強み」につながる地理的優位性		
19	「強み」につながる思い切った投資ができる資金力		
20	「強み」につながるブレーン、ネットワークの充実		
21	「強み」につながる社内の技術的優位性		
22	「強み」につながるソフト力（ソリューション提案）の優位性		
23	「強み」につながる取扱商品の販売権、独占権		
24	「強み」につながる顧客が喜ぶIT環境		
25	「強み」につながるIT,Web、SNS等が活用できる社内体制		
26	「強み」につながる組織の多様性・多能性（フレキシブルに事業転換ができる組織）		
27	「強み」につながる法規制・規制緩和などの行政面の保護、関係性		
28	「強み」につながる顧客層・エリア		
29	「強み」につながるサービス		
30	その他「強み」につながるといえるもの		

社長と幹部・後継者が共に話し合い、「勝ち残る独自戦略」立案する

■シートⅣ-3　SWOTクロス分析作成　1日研修会のご案内

主催：○○会計事務所

　中小企業の約7割は赤字経営といわれています。景気回復の予兆さえも感じないなか、「自社の将来ビジョンをどうするか」「事業・商品・顧客の選択と集中をいかにすべきか」を決めかねている経営者も多いかと思います。そこで当事務所は、多くの企業の事業判断に効果を発揮している「SWOT分析」を提案します。現状をただ悲観ばかりしていても何ら前進しません。「孫子の兵法」に「敵を知り、己を知らば、百戦危うからず」とあるように、自社を客観的に分析することで、「自社でもできる戦略と具体策」を抽出し、「迷うことのない方針」を明確に出していただくことが重要です。講師は（株）RE-経営代表の嶋田利広先生です。嶋田先生からは、中小企業のSWOT分析の豊富な実例と、私達中小企業にもわかりやすく、即実行できる検討方法やフォーム、書き方を学習し、その場で直接の指導をしていただきながら、作成検討してまいります。この機会に、社長、取締役、後継者の方々もご一緒に勉強され、「勝ち残るための中期ビジョン」を確立していただきたいと思います。

　SWOT分析とは、自社の「強み」と「弱み」、外部環境の「機会」と「脅威」を複数の条件で整理し、それぞれがクロスする箇所に「固有戦略」や「今後の独自具体策を見出す分析手法」です。
　この分析を通じて経営者の「迷い」を整理し、「戦略の選択と集中」の議論を通じて、後継者、役員幹部との経営判断のベクトルを明確にさせましょう。

SWOT分析作成1日研修会カリキュラム

時間	区分	内容
9:30～9:45	挨拶	主催者挨拶
9:45～10:50	講義	「SWOT分析」の理解と他社SWOT事例の学習／「脅威」「機会」「強み」「弱み」の検討と抽出のポイント
11:00～12:00	作業	外部要因の「脅威」「機会」の抽出
休　憩		
12:50～13:40	作業	内部要因の「弱み」「強み」の抽出
13:40～14:00	説明	クロス分析の仕方
14:10～15:30	作業	クロス戦略（具体的な戦略や方針）の整理（積極戦略箇所、撤退縮小箇所、改善箇所）
15:30～16:00	講義と作業	クロス分析から、優先順位づけ作業
16:00～17:10	講義と作業	体系図の整理と記入
17:15～17:50	講義	SWOT分析と体系図のこれからの行動への展開
17:50～18:00	挨拶	主催者まとめ

※進捗状況により時間帯は変動する場合があります。

講師プロフィール

株式会社RE-経営
　代表取締役　嶋田利広

経営コンサルタント歴27年。1999年アールイー経営設立・代表に就任。九州内の中小企業、病院・介護施設の経営戦略や経営計画、仕組みづくりコンサルや教育研修、講演セミナーを展開。SWOT分析実績は200超で、「中小企業のSWOT分析」の第一人者として、そのノウハウは中小零細企業や小規模事業者向けとして各方面から評価されている。経営者の懐刀として、戦略から事業承継、幹部教育まで長期の顧問契約が多いのが特徴である。
著書に『新・幹部の条件』『デフレ時代の減収創益経営』『中小企業のSWOT分析』『SWOT分析による経営改善計画書作成マニュアル』『介護事業経営コンサルティングマニュアル』など多数。
　http://www.re-keiei.com/

セミナーの特徴

1	実際にSWOT分析シートを記入し、帰社後にビジョンや経営計画書に反映させることが可能
2	講師の○○先生の中小企業にマッチした、わかりやすく熱意のある講演は参加者も理解しやすい
3	実際のフォームに沿って、受講者が自社の状況に合わせて記入する「体験型研修」である
4	作業中は講師がチェックし、個別のアドバイスを行う。また当事務所職員も一緒に検討に参加
5	途中段階で終了しても、帰社後に作成が可能である

セミナー開催要項

日時	平成○年○月○日（○曜日）　9:20 までに集合してください。研修時間 9:45 ～ 18:00 途中休憩が複数回　昼食弁当は当事務所でご用意いたします。
会場	○○ホール　第8会議室
募集社数	20社（1社につき複数の参加が可能です）
参加費用	会員 10,000円 / 人（2人目から 7,000円 / 人）　非会員 20,000円 / 人（2人目から 10,000円 / 人）

受講申込書は、当事務所までFAXを　月　日までにお送りください。　　FAX番号　　　

SWOTクロス分析 1日研修会　受講申込書

宛

企業名			
参加者名①		受講者役職	
参加者名②		受講者役職	
参加者名③		受講者役職	
参加者名④		受講者役職	
所在地		電話番号	

■シートⅣ-3　SWOTクロス分析作成　1日研修会のご案内

■シートⅣ-4　SWOT分析・クロス分析　記入用シート

> ※ヒント等からヒアリングした項目を、各欄に入力する
> ※4つの窓（TOWS）の入力が終わったら、いったんプリントして参加者に配布する
> ※プリントする前に空欄を削除して上詰めにして、A3版で配布する（レイアウト調整をして多くても2枚までにする）
> ※各欄が不足した場合は挿入して追加する
> ※SWOT分析後のクロス分析では、組み合わせは1対1以外に、1対複数、複数体複数も可
> ※積極戦略と致命傷回避・撤退縮小戦略はわかる範囲で概算数値を書き出す

	参加者	

強み（S）…ターゲットと比較して
（ターゲットがない場合は一般的な発注者ニーズをベースに）

A	
B	
C	
D	
E	
F	
G	
H	

外部環境	機会（O）	組み合わせ番号（例〈2〉-⑤）	【積極戦略】自社の強みを活かして、さらに伸ばしていく対策。または積極的に投資や人材配置して他社との競合で優位に立つ戦略	
	〈1〉			
	〈2〉			
	〈3〉			
	〈4〉			
	〈5〉			
	〈6〉			
	〈7〉			
	〈8〉			
	〈9〉			
	〈10〉			
	脅威（T）	左記の状態で、今のまま具体的な手を打たない場合、どれくらいマイナスになるか概算数値や％を書く	組み合わせ番号（例〈2〉-⑤）	【差別化戦略】自社の強みを活かして、脅威をチャンスに変えるには何をどうすべきか
	①			
	②			
	③			
	④			
	⑤			
	⑥			

Ⅳ 経験から得たSWOT分析成功法則

会社名（　　　　　　　　　　）

内部要因

		弱み（W）．．．ターゲットと比較して （ターゲットがない場合は一般的な発注者ニーズをベースに）	
	A		
	B		
	C		
	D		
	E		
	F		
	G		
	H		
対策を実施した場合の概算数値（売上増減、利益改善、経費増減、件数増減、％増減等）	組み合わせ番号（例〈2〉-⑤）	【改善戦略】 自社の弱みを克服して、事業機会やチャンスの波に乗るには何をどうすべきか	対策を実施した場合の概算数値（売上増減、利益改善、経費増減、件数増減、％増減等）
対策を実施した場合の概算数値（売上増減、利益改善、経費増減、件数増減、％増減等）	組み合わせ番号（例〈2〉-⑤）	【致命傷回避・撤退縮小戦略】 自社の弱みが致命傷にならないようにするにはどうすべきか。またはこれ以上傷口を広げないために撤退縮小する対策は何か	対策を実施した場合の概算数値（売上増減、利益改善、経費増減、件数増減、％増減等）

■シートⅣ-4　SWOT分析・クロス分析　記入用シート

■シートⅣ−5　SWOT分析・クロス分析の概念

※ヒント等からヒアリングした項目を、各欄に入力する
※4つの窓（TOWS）の入力が終わったら、いったんプリントして参加者に配布する
※プリントする前に空欄を削除して上詰めにして、A3版で配布する（レイアウト調整をして多くても2枚までにする）
※各欄が不足した場合は挿入して追加する
※SWOT分析後のクロス分析では、組み合わせは1対1以外に、1対複数、複数体複数も可
※積極戦略と致命傷回避・撤退縮小戦略はわかる範疇で概算数値を書き出す

内部環境	強み（S）	
	A	「機会」の市場・顧客ニーズに対応できる技術全般（技術スタッフ、
	B	顧客に安心感を与えるアフターサービス方針や体制、機能としての
	C	他社より抜きん出ている固有ノウハウ（生産技術・販売面・性能機また「強み」に活かせる取り扱い製品の価値転換の可能性は何か
	D	他社では取り扱えない、商品取扱の権利（特約店や専売地域）と
	E	特に強い顧客層・エリアはどこか。それはなぜ「強い」のか

		機会（O） …「タラレバ」で考えて少しでも可能性があれば、それは「機会」である	組み合わせ番号（例〈2〉−⑤）	【積極戦略】 自社の強みを活かして、さらに伸ばしていく対策。または積極的に投資や人材配置して他社との競合で優位に立つ戦略
外部環境	〈1〉	同業者や異業種を参考にして、高付加価値のニーズに対応した「高価格商品」を実現するには、どんな具体的な商材・サービスを開発または開拓すれば可能か		具体的な「積極戦略」や対策（即行う戦略）
	〈2〉	現在の商材に対して、サービスや機能、容量、頻度、手間を大幅に減らし、どういう「低価格商材」を実現すれば販売チャンスは広がるか		
	〈3〉	クラウドweb、facebook、ツイッター等、ITのさらなる普及をどううまく利用すれば、販売増になるか		
	〈4〉	顧客の不便さの解消につながる商材やサービスは、どういう点を強調すれば販売増が可能か		
	〈5〉	あえて「無料」「フリー化」を進めることで広がるビジネスはどんなことが考えられるか		
	〈6〉	自社の位置づけを「納入業者」から「仕入先」または「外注先」「アウトソーシング先」に変えた場合、どういう商材なら可能性があるか		
	〈7〉	ネーミング・パッケージ・容量・流通ルートなどを変えることで、新たな顧客の取り込みや既存客の必須アイテムにつながる可能性はないか		
	〈8〉	既存商品の「周辺サービス」「周辺業務」「周辺商品」を受注しようとすれば、どういう商材が可能か		
	〈9〉	既存商品の「リペア・リサイクル・リフォームによる低価格の付加価値商品」を特定商材やサービスで実現することで、販売拡大が可能になるとすればどんなことか		
	〈10〉	技術革新や輸入品等で新たな代用品や代替品を仕入れることができれば、どういうチャンスが広がる		具体的な「積極戦略」や対策（即行う戦略）
	〈11〉	別ブランド等を、直販、通販、ネット販売等の直接販売で、どう具体的に展開すれば、新たなチャンスにつながるか		
	〈12〉	今の商材の使われ方・用途を変えることで、新たな用途開発につながる「価値転換」があるとすればどういうことか		
	〈13〉	同業者や競合他社をライバルとしてではなく、顧客・ネットワークと考えた場合、どういうビジネスがチャンスが広がるか		
	〈14〉	既存客からさらにビジネスチャンスをつかむ、アフターサービスや顧客管理・メンテナンスは、具体的にどういう強化を図れば既存客売上増が見込めるか		
	〈15〉	顧客がアウトソーシングしても手間を省きたい、または「どこかの業者がやってくれるなら丸投げしたい」と思っていることはどんなことか		

		脅威（T）	左記の状態で、今のまま具体的な手を打たない場合、どれくらいマイナスになるか概算数値や%を書く	組み合わせ番号（例〈2〉−⑤）	【差別化戦略】 自社の強みを活かして、脅威をチャンスに変えるには何をどうすべきか
	①	取引先である既存顧客（消費者）のニーズはどう変化し、自社に具体的なマイナス事象となって現れるか			
	②	主力取引先は、どういうマイナス要因で衰退し、自社にどういう具体的なマイナス事象となって現れるか			
	③	新たな参入者による市場パイの争奪戦はどんな脅威があるか			
	④	ネット通販や比較サイトでの今後の脅威は何か			
	⑤	仕入先、外注先には今後どういう変化が生まれ、自社に具体的なマイナス事象となって現れるか			
	⑥	今後のリスク要因として、コストアップ要素は何が考えられるか			

			弱み（W）	
技術面での優位）の「強み」は何か		A	競合者と比較して、自社が明らかに負けている点（ヒト、モノ、カネ、技術、情報、効率、社内環境等）は何か	
「強み」は何か		B	顧客ニーズに対応していない点は何か。その結果、どういう現象が起こっているか	
能面・体制面等）は何か。		C	顧客開拓、企画力での弱みは何か	
しての「強み」は何があるか		D	業績悪化要因につながっている弱みは何か	
		E	商品力、開発力、サービス力での弱みは何か	
対策を実施した場合の概算数値（売上増減、利益改善、経費増減、件数増減、％増減等）	組み合わせ番号（例〈2〉-⑤）	【改善戦略】自社の弱みを克服して、事業機会やチャンスの波に乗るには何をどうすべきか		対策を実施した場合の概算数値（売上増減、利益改善、経費増減、件数増減、％増減等）

- その積極戦略を行えば、いくらの単価で売上数量がいくら、それにかかるコスト・経費がだいたいいくらか
- 具体的な「改善戦略」や対策（3年内に効果を出す戦略）
- その改善戦略を行えば、どれくらいの売上や利益は見込めるか

- 具体的な「改善戦略」や対策（3年内に効果を出す戦略）
- その改善戦略を行えば、どれくらいの売上や利益は見込めるか

- その積極戦略を行えば、いくらの単価で売上数量がいくら、それにかかるコスト・経費がだいたいいくらか

| 対策を実施した場合の概算数値（売上増減、利益改善、経費増減、件数増減、％増減等） | 組み合わせ番号（例〈2〉-⑤） | 【致命傷回避・撤退縮小戦略】自社の弱みが致命傷にならないようにするにはどうすべきか。またはこれ以上傷口を広げないために撤退縮小する対策は何か | 対策を実施した場合の概算数値（売上増減、利益改善、経費増減、件数増減、％増減等） |

- 具体的な「致命傷回避・撤退縮小戦略」（即行うリストラ、致命傷回避j対策）
- その致命傷回避・撤退縮小戦略戦略を行えば、どれくらいの売上や利益がダウンし、またコスト面の回復が見込めるか

■シートⅣ-5　SWOT分析・クロス分析の概念

■シートIV-6　SWOT分析・クロス分析　優先順位判断基準シート

会社名（　　　　　　　　　　　　）

「クロス分析」で記入された「積極戦略」「致命傷回避・撤退縮小戦略」に優先順位を点数でつける。

1　「実現可能性度」とは、今のレベルでクロス分析の具体策がどれぐらい「実現の可能性があるかの評価」

点数の判断基準	配点
即実行でき、実現可能性が極めて高い	5
短期的に実現可能性は高い	4
努力は必要だが実現可能性は高い	3
実現には相当の努力が必要である	2
実現はかなり難しい	1

2　「抜本対策度」とは、自社の事業戦略の構造を変える「抜本対策かどうかの度合い」

点数の判断基準	配点
事業構造を大きく変える抜本対策といえる	5
事業構造に相当の変化が起こる抜本対策といえる	4
事業構造に変化が起こる可能性のある抜本対策といえる	3
事業構造の変化とまでは言えないが、改善以上の変化は起こる可能性がある	2
改善程度の変化である	1

3　点数の配点では、各項目とも、度合いの高さ・効果性によって、点数を5段階で決める

点数の判断基準	配点
度合いがかなり高く効果的である	5
度合いは高く、効果的である	4
度合いは高いが、効果性は普通である	3
度合いは普通で、効果性もほぼ普通である	2
度合いは普通に近いが、効果性は若干疑問がある	1

※点数配分の各事項に該当しない「クロス分析の具体策」は、カウントしない（平均点の分母から外す）

4　平均点の高い項目が「優先度」の高さを示す

	No	クロス分析の戦略と具体策	実現可能性度	抜本対策度	点数の配点						平均点	優先順位
					売上金額の貢献度	新規顧客・新チャネルづくり貢献度	原価・固定費削減の貢献度	人件費・合理化の貢献度	品質の向上による貢献度	業務効率向上の貢献度		
積極戦略	1											
	2											
	3											
	4											
	5											
致命傷回避・撤退縮小戦略	1											
	2											
	3											
	4											
	5											

■シートⅣ-6　SWOT分析・クロス分析　優先順位判断基準シート

■シートⅣ-7 「積極戦略」「致命傷回避・撤退縮小戦略」アクションプラン

Ⅰ 積極戦略の実施対策

1	
2	
3	
4	
5	

※ 積極戦略から生まれた対策の優先順位の高い順から記入

Ⅲ 今期の実施対策とモニタリングスケジュール

		①実施対策	②実施対策を実行するために必要な準備、段取り、詳細内容〈具体的に行動内容が見えるような表現。誰が、いつまでに、どのように、といった具体的な行動項目〉	③誰が行うまたは担当部門	④いつまでに形にする
積極戦略	1				
	2				
	3				
致命傷回避・撤退縮小戦略	1				
	2				
	3				

①注記:「実施対策」は方針のような抽象論ではなく、「何を」「どのように」が見えなければならない。具体的な行動のイメージが描けない表現は、もっと詳細に落とし込む

②注記:「実施対策」を実行しようとすれば、最初の行動は何か、「誰が」「何を」「どのように」「いつまでに」と行動の段取りを決める。まず、「準備面の行動」では、根回しはどうするか、「実際の行動面」では、具体的な動き、「検証やチェックの行動」ではどうするかを記す

③注記:担当は、固有名詞を書く。○○部という表現ではなく、A部長と書く

Ⅳ 経験から得たSWOT分析成功法則

会社名（　　　　　　　　　　　　　　　　　　　　）

Ⅱ　致命傷回避・撤退縮小戦略の実施対策

1		
2		
3		
4		
5		

＞致命傷回避・撤退縮小戦略の優先順位の高い順から記入

	⑤第1四半期中にどこまで進める（チェックできる具体的な予定、おおよその月度も入れる）〇年〇月〜〇年〇月	⑥第2四半期中にどこまで進める（チェックできる具体的な予定、おおよその月度も入れる）〇年〇月〜〇年〇月	⑦第3四半期中にどこまで進める（チェックできる具体的な予定、おおよその月度も入れる）〇年〇月〜〇年〇月	⑧第4四半期中にどこまで進める（チェックできる具体的な予定、おおよその月度も入れる）〇年〇月〜〇年〇月
予定				
結果				
予定				
結果				
予定				
結果				
予定				
結果				
予定				
結果				
予定				
結果				

＞3か月単位で行動予定を入れる。これは「段取り」をさらに詳しくする。特に、〇月の□会議で報告や提出と書いていればその後チェックがしやすくなる

＞ここでは、実際にチェックした会議の結果を記入する。済んだのか、未実施なのか、未実施であれば、新たな追加予定を、「次の4半期の予定」欄に日程と共に記入する

■シートⅣ-7　「積極戦略」「致命傷回避・撤退縮小戦略」アクションプラン

Chapter V

新たな戦略が生まれた
16業種
SWOT分析の実例

事例から、分析─検討─立案のSWOTストーリーを読み込む

　ここ（Ⅰ〜Ⅳ章）まで、SWOT分析の概念と、その基本的な手順について説明してきました。
　SWOT分析は「やらされ感」のある戦略ではなく、経営者や幹部が「その戦略をやれば、今よりよくなるかも」と期待とワクワク感をもって取り組めるものでなくてはなりません。しかし現実は、そのようなワクワク感がもてる対策ばかりではありません。戦略に取り組むのと同時に、地に足の着いた細かい対策や戦術的な対策も考え出さなくてはなりません。場合によっては、腹をくくって深刻な決断をしなくてはならない状況があるかもしれません。
　SWOT分析は打ち出の小槌ではありません。あくまでも戦略や戦術を抽出する分析ツールです。そこで本章では、SWOT分析を活用して事業の再構築を行った16の事業所の事例をご紹介し、その効果などを実感していただきたいと思います。
　これらの事例は筆者が直接携わり、現場で指導したものです。したがって、固有戦略に該当する箇所は機密情報なので、多少カムフラージュして表現を修正しています。また、概算数値も外している箇所もありますので、その点はご理解ください。
　いずれの事例からも、「機会」の打ち出し方、「強み」の表記の仕方、「積極戦略」の固有表現など、SWOT分析の検討結果が見えてくるので、他業種・他業態の事例であっても、自社のSWOT分析を考える際の参考になることでしょう。
　このような実例を見ていると、「うちではこんなにたくさんの意見が出るかなあ？」と不安に思う方がいるかもしれません。また、コーチやファシリテーターが「自分にはこんな固有の具体策も知識もないけど、できるかなあ？」と支援サポートする側も不安に思う場合があるかもしれません。
　でも、ご心配なく。本書で学んだ**コーチング・メソッド**、そして「**タラレバヒント**」を活用すれば、参加者が勝手に話してくれるようになるはずです。
　27年間の経営コンサルタント経験がある筆者でさえも、知らない業種特性はまだまだたくさんあります。それでも、このように支援ができるのは、参加者が固有テーマを表現しやすいようにコーチングしているからなのです。

SWOT分析でアクションを起こそう！

　次ページ以下に、経営規模が年商2,000万円未満の個人事業所から30億円超の中堅建設業まで、さまざまな業種・業態のSWOT分析事例を紹介しています。SWOT分析は、アメリカの大学で大企業向けに編み出された分析手法ですが、こうして見ると、むしろ中小企業・零細企業向けなのではないかとさえ思えてきます。

> 1. 地域で2店舗を展開するファミリーレストラン
> 2. 特定商業施設の実績が豊富な建設会社
> 3. 事業多角化を模索するイタリアンレストラン
> 4. 製造業機能とサービス業機能を兼ねた印刷会社
> 5. 小規模住宅会社
> 6. ラーメン・チェーンのFC店（単店舗）
> 7. ネット直販中心の化粧品メーカー
> 8. 地域特化型小規模酒造メーカー
> 9. 下請け主体の電気・空調設備業
> 10. スーパーにテナントとして入っている鮮魚店
> 11. 総合老人福祉事業を展開する社会福祉法人
> 12. 昔ながらの地域小規模スポーツショップ
> 13. 卸部門と直営小売店を経営する青果店
> 14. 大手量販店の意向に左右される家電配送サービス業
> 15. 職員数10名程度の平均的な会計事務所
> 16. 介護療養病棟を中心にした老健併設型病院

　いずれの事例でも、分析〜検討〜立案が具体的であり、「積極戦略」や「致命傷回避・縮小撤退戦略」が固有名詞でしっかり組み立てられています。戦略や対策が具体的であることは、即実行できるものであり、その結果も早期に出てきやすいものです。なかには検討会から2か月後には、具体的な成果が目に見える数字で出てきた事業所もあります。

　だからこそ筆者は、SWOT分析を強くすすめるのです。ああでもない、こうでもない、そんなことできるだろうか、ほかにもっといい対策はないだろうか……経営者の頭のなかは、迷いとともにいつもこのようなことが渦巻いているものです。迷い、悩むことは大事な思考過程ですが、考えるばかりで具体的に何も行動しないのは「最大の愚策」と言ってよいでしょう。

　SWOT分析によって、ぜひアクションをスタートさせてください。会社経営にとって必ず有効なものとなることを確信しています。

Case Study ① 地域で2店舗を展開するファミリーレストラン
―― 「強み」の横展開で新収益を生み出す

《事業者の概要》
業種・業態：ファミリーレストラン　店舗数：2店舗
年商：2億1,000万円　　　　　　　従業員数：25人（パート・アルバイト含む）
SWOT分析の実施日数：2日
SWOT分析参加者：社長、役員、店長の3名

　Aチェーン店は、同地域で2店舗を経営している地域密着型のファミリーレストランです。多くの外食産業が低価格路線を展開しているなかで、地元特産の鶏料理をメインにし、地域で一定の評価を獲得していましたが、5年前から来店客の減少と客単価の減少に歯止めがかからない状態が続いていました。別会社で新業態店（フレンチ）にも挑戦しましたが、その不振によりますます経営を圧迫していました。
　そこで、苦境から脱却するために、「大手チェーン店との差別化を図りたい」「収益源の多様化を進めたい」というニーズからSWOT分析を行うことになりました。SWOT分析は数回に分けて議論を行い、クロス分析での戦略決定を行いました。

「強み」の見方を変えたら、可能性が広がった
　Aチェーン店の「強み」は、全国的にも認知度が高まりつつある地域特産の「鶏料理」にあります。SWOT分析では、この「強み」をどう活かすか、また飲食というカテゴリーでは、今後はインターネット戦略がチャンスになることから、ネット戦略での「機会」の捻出に時間が割かれました。
　「積極戦略」では、地域内に向けては「鶏料理」よりも実績のある調理機能を前面に押し出したケータリングサービスの強化と、テイクアウト開発による客単価アップという方針が確定しました。また、地域外に向けては「鶏料理のパーツ販売」を展開するためのインターネットの活用と、取引のある商社を活用した「具材販売」という戦略が打ち出されました。ネット活用と具材販売は、来店客に左右されない新しい売上を創出するための対策といえます。
　これらの戦略は、既存の来店客による売上だけに期待するのではなく、自店（社）の経営資源（強み）をどう多角的に活かすことができるかを検討した結果、生まれたものです。近年、さまざまなメディアで地域食材がクローズアップされるようになり、A社でも「鶏料理」と「A社」というブランドを全面に出した加工食品の提供はスーパーなどの量販店でもニーズが高いと判断したのでした。インターネット販売はすでに行っていましたが、本格的な規模やレベルではなかったので、今後ネット関連への広告投資を行うことで、まだまだ大きな可能性があると判断しました。

クロス分析：商品戦略「新カテゴリー」への挑戦

「致命傷回避・撤退縮小戦略」では、他業態で展開していた高級レストラン（フレンチ）の撤退を決めました。このレストランは、経営者の道楽として始めたものの、開店以来、毎年赤字を出していました。SWOT 分析の結果、撤退するという意思決定がなされましたが、撤退を決めたにもかかわらず、最終決断は半年後の経営会議まで引き延ばされ、その間、赤字の垂れ流し状態が続きました。経営者の思い入れもあって撤退をそう簡単に決断できないことは理解できますが、いずれ撤退せねばならないのに、事を先延ばしにする弊害は大きいと言えます。

さらに、地元特産の料理で高単価のメニューが多いことで、他のファミレスへ顧客が流れていることも事実として認め、既存メニューは値下げせず、新カテゴリーによる低価格メニューの開発での売上づくりも決定しました。しかし、低価格メニューの開発は既存ブランドの価値を損なう危険性もありました。そこで、新メニューの基本は原材料の品質を落とさず、少量化やアセンブリ（組み合わせ）の工夫で注文しやすい価格帯のセットメニューを複数開発することにしました。

以上のSWOT 分析の結果、下記の順で対策に取り組んでいきました。
① Web 業者とホームページ刷新の打ち合わせと契約
② 鶏料理具材販売の研究と加工業者との共同開発
③ ケータリングメニュー、テイクアウトメニューづくりとパンフ作成
④ 低価格メニューづくりとメニュー表の改定
⑤ フレンチ店の閉鎖と隣接チェーン店へフレンチメニュー移管

このレストランチェーンではこれまでにもいろいろと試行錯誤しながら経営改善を行ってきましたが、これまで漠然としていた改善内容が、SWOT 分析による客観的な分析の結果、経営者の「腹が決まった」という形になり、上記の対策の⑤のほかは即実行に移されました。

これらの経営改善の結果、赤字が減少し（この時点ではフレンチ店閉鎖にともなう出費もあり黒字化できていない）、非レストラン売上（加工食品、ケータリング等）の商材がそろってきました。また低価格メニューの貢献もあって売上は伸びてきましたが、メニューの見直しが遅れたことで、利益率はまだ予定どおりには改善されていません。しかし、厳しい状況を脱しつつあることから、黒字化は見えてきています。

★本ケーススタディにおけるSWOT 分析のポイント
① 商品の「強み」を再定義し、レストラン以外の商品の販売を目指した
② 赤字業態店の撤退を意思決定した
③ 強みと顧客ニーズを再分析し、低価格の新メニュー開発に着手した

①地域で2店舗を展開するファミリーレストラン

V-① SWOT分析・クロス分析　記入シート

※各「ヒアリングポイントシート」からヒアリングした項目を、各欄に入力する
※4つの窓（TOWS）の入力が終わったら、いったんプリントし参加者に配布する
※プリントする前に空欄を削除して上詰めにして、A3版で配布する
　（レイアウト調整をして、多くても2枚までにする）

「機会」「脅威」の番号が飛んでいるのは、検討中に発生した集約後の空欄を削除したため

		参加者

強み (S) …ターゲットと比較して
（ターゲットがない場合は一般的な発注者ニーズをベースに）

①	「○○の鶏」と定着しており、定番品の比率が高い
②	新興の外食と異なり、もともとの"ブランド"がある
③	ガストなど他のファミレスと比べると味で勝っている
④	副食材、ソース等を自社で作っているため、手作り感を訴求でき、
⑤	オープンキッチンで手作り感を見せられる
⑥	鳥の仕入業者の品質が高い（鳥インフルエンザの影響がこの業者
⑦	メニューのボリューム感がある
⑧	厨房機器は仕出しにも対応でき、イベント弁当や鉢盛の営業も可能

外部環境

機会 (O)

				組合せ番号 (例〈2〉-⑤)	【積極戦略】自社の強みを活かして、さらに伸ばしていく対策。または積極的に投資や人材配置して他社との競合で優位に立つ戦略
市場・顧客	〈1〉	観光等で県外からの来店客は今後も増える		〈3〉〈4〉 〈6〉-② ④	大手量販店の店舗で「○○の鶏料理」フェアの売上がよい。○○市以外で副食材やソースの卸し先の開拓を進める。（福岡のA社、大阪のB社との取引を拡大する提案を行う）
	〈2〉	メディアの影響により、B級グルメとして鶏料理のイメージが上がっている			
	〈3〉	○○の鶏料理は地元でも第1位の知名度になっている		〈9〉-① ②⑧	学校の運動会や地域のイベントの需要に合わせた仕出し専門店の可能性がある…信用があり、調理施設が揃っている。洋食系仕出しやケータリングサービスの業者が近隣にない
	〈4〉	インターネット通販でのソースやレトルト鶏は伸びていく			
	〈5〉	ソースについては、卸（スーパーや業務用）のニーズがある		〈15〉-⑧	仕出しの調理人を配置し、「洋食仕出部」（ケータリングサービス）を開設。チラシ営業とタウンページ、試食会・出前サービスを強化する
	〈6〉	テイクアウトのソース需要と冷凍、レトルト需要はある			
	〈9〉	地元ファミレスの同業者が撤退している。それにより拾えるお客さんが増える		〈2〉〈4〉 -②④	「○○の鶏」のテイクアウト商材、冷凍技術の開発
	〈15〉	知名度を活かした営業をすれば、イベントのオードブルや仕出の需要はある			
経済環境	〈18〉	円安になれば、輸入食材の原価が上がり、国産中心の自社と価格差がなくなる			

脅威 (T)

			左記の状態で、今のまま具体的な手を打たない場合、どれくらマイナスになるか概算数値や%を書く	組合せ番号 (例〈2〉-⑤)	【差別化戦略】自社の強みを活かして、脅威をチャンスに変えるには何をどうすべきか
市場・顧客	〈1〉	景気悪化により外食に出かける家族が少なくなってきている（内食増加）			
	〈2〉	安い中国産の食材の敬遠が今後も続く			
	〈3〉	観光目的の高額ランチはますます減少し、低価格の普及帯が主力になる			
	〈4〉	ファミリー層の来店は減っていく			
	〈5〉	高カロリーのイメージが定着しつつある			
	〈6〉	鶏料理のバリエーションが広がり、「○○の鶏料理」が出なくてもよい客が増えている			
競合	〈9〉	低価格ファミレス（他店）で同様のメニューを取扱い、差別化が難しくなっている			

100　V　新たな戦略が生まれた16業種SWOT分析の実例

会社名（㈱○○ファミリーレストラン）

		内部要因	
		弱み（W）　…ターゲットと比較して （ターゲットがない場合は一般的な発注者ニーズをベースに）	
	①	食中毒による風評被害により売上が落ちている	
	②	インターネット通販が振込決済のみなので利便性が悪い。ホームページが素人の域を出ない	
	③	メニューの価格が高い感じがする	
味のブレがない	④	アルバイトが多いのですぐ辞める。定着率が悪いことから接客レベルが上がらない	
	⑤	店舗の老朽化が進んでいる（リニューアルの資金がない、借入はできるが、今の借入金返済があるため増やしたくない）	
ではなかった）	⑥	オーダーミスが多いためロスが多い	
	⑦	系列のフレンチレストランの業績が悪く大きな赤字が続いている。本業の足を引っ張っている	
	⑧	○○店の駐車場が狭い。フレンチレストランは駐車場に入りづらい	
左記対策を実施した場合の概算数値（売上増減、利益改善、経費増減、件数増減、％増減等）	組合せ番号 (例〈2〉-⑤)	【改善戦略】自社の弱みを克服して、事業機会やチャンスの波に乗るには何をどうすべきか	左記対策を実施した場合の概算数値（売上増減、利益改善、経費増減、件数増減、％増減等）
	〈2〉〈4〉-②	まだ本格的といえないホームページ通販を強化（現在月1％の割合、3年後10〜20％の割合、金額は月約200万を目標）	
	〈2〉-②	インターネット通販で振込決済以外を始める。カード決済と楽天市場の出店を行う	
	〈2〉〈4〉-②	HP、インターネット通販強化のために職員の採用または外注（経費はかかっても、それ以上の利益確保を目指す）	
	〈1〉〈3〉-④⑥	奥さんを接客チェッカーと教育係として、再度店頭に出す	
左記対策を実施した場合の概算数値（売上増減、利益改善、経費増減、件数増減、％増減等）	組合せ番号 (例〈2〉-⑤)	【致命傷回避・撤退縮小戦略】自社の弱みが致命傷にならないようにするにはどうすべきか。またはこれ以上傷口を広げないために撤退縮小する対策は何か	左記対策を実施した場合の概算数値（売上増減、利益改善、経費増減、件数増減、％増減等）
	〈1〉〈3〉-⑦	フレンチレストランを閉鎖し、○○店へ店舗部門を移行する	
	〈3〉〈5〉-③	「○○の鶏料理」のブランドを損なわない、別ブランドの「低価格メニュー」「ヘルシーメニュー」を取り揃える	

①地域で2店舗を展開するファミリーレストラン　*101*

Case Study ② 特定商業施設の実績が豊富な建設会社
―――次世代の収益源の確保を目指す

《事業者の概要》
業種・業態：総合建設業
年商：30億円
従業員数：50人
SWOT分析の実施日数：2日間
SWOT分析参加者：社長及び営業担当の役員、工務の部長クラス、課長クラス

　B建設会社は、民間のマンションや商業施設の受注施工が中心の年商数十億円規模の中堅建設会社です。経営者が「SWOT分析をしたい」と思い立った理由は、以下のとおりです。

①まだ収益が出ている今のうちに次の戦略を構築したい
②これまでは主に新規受注を追いかけていたが、価格競争が激しく、また物件数にもかげりが出ている
③後継者（役員）に自発的に経営戦略を決めるチャンスにしたい
④今後の会社を背負う幹部の教育としても活用したい

ストックを活かした新収益源

　B社は、もともと特定の商業施設での実績件数が多く、その業界のノウハウももっており、これまで地域トップクラスの物件数を獲得してきました。また、歴史もあり、これまでの利益を積み上げてきたことによる財務内容もよく、資金調達力があることも大きなアドバンテージでした。しかし、新規受注での価格競争が激しく、物件数も減少してきています。そこで、SWOT分析を活用して、今後の戦略を検討したわけです。

　「積極戦略」でのもっとも大きな戦略は、メンテナンス事業部の設置による「ストック・ビジネスで収益を上げる」というビジネスモデルを決定したことです。自主施工の「強み」やデータを活かして、「メンテナンス・パッケージ」を開発し、建物の耐久性の向上や外観の維持管理を行い、顧客利益を高めようという戦略です。特定の商業施設での受注比率が高いことから、その分野の特化が可能と判断しました。

　また、「耐震構造の見直し」が事業として世間に認知されてきていることから、学校関係の公共施設やRC構造の施設、耐震診断から補修まで行うことをパッケージとしてサービス・システムを開発し、新規受注と既存物件のストック・ビジネスにも活かす戦略を決めました。

　建設業界における「機会」はこの企業に限ったことではなく、どこでも同じよう

な方向性かもしれません。SWOT分析が行われたのは、まだ東日本大震災前であり、不況が続いていたときで、今のような人手不足で悩む状況ではありませんでした。

　可能性として、今後、介護関連、耐震補強、既存インフラの環境面での再活用やメンテナンス需要は成長するという「読み」がありました。一般に「メンテナンスでは儲からない」という風潮を逆手にとって、蓄積された技術を新規顧客先にも転用できるようにパッケージ化し、成果とコストパフォーマンスが合うような形にしようということになりました。

クロス分析：意を決した撤退戦略

　「致命傷回避・撤退縮小戦略」では、「撤退戦略」が確定しました。これまで、RC構造集合住宅の特殊な工法のFCに加盟していたのですが、受注実績も少なく、工事担当者の技能不足も影響して、低収益にあえいでいました。

　今までそれなりに大きな投資もしてきましたが、「今後はこの分野の受注はしない」という撤退戦略の決断に至りました。この部門の撤退によって、人材を他部門に振り分けることができ、全社的な利益率も高まることになります。したがって、FCからも撤退することを決めました。現在施工中の物件を最後に、FCの解約ではなく、休眠状態にすることで定期的なロイヤリティは減額要請を行いました。

　「撤退」にあたって、多くの経営者は、これまでの投資がムダになることや、もう少し頑張れば明るさが見えるのではないか、と考えがちです。しかし、自社の強みも活かされず、競合が激しいレッドオーシャン（血みどろの戦いを行う市場）で「勝てる理由」が見い出せないなら、「撤退」は重要な決断になります。そういう意味では、この事例は経営者の決断に大きく貢献したSWOT分析だったようです。

　SWOT分析後、「メンテナンス事業部」を営業部内に設置し、最初は担当を兼務させながら、プロジェクトでパッケージ構築に入りました。このパッケージでは、耐震補強と絡めて行い、公共施設への営業もしやすいように、外注業者とシステムを検討し、最初にパンフやWebを刷新していきました。

★本ケーススタディにおけるSWOT分析のポイント
① 今後の新築市場の競合激化に対して、過去の実績の「強み」を活かしストック・ビジネスにシフトした
② これまで相応の資金投下をしてきた低収益事業の撤退を決断した
③ 管理者クラスが事業の将来性を客観的に分析したことで、有効な管理者教育につながった

V-② SWOT分析・クロス分析 記入シート

※各「ヒアリングポイントシート」からヒアリングした項目を、各欄に入力する
※4つの窓（TOWS）の入力が終わったら、いったんプリントし参加者に配布する
※プリントする前に空欄を削除して上詰めにして、A3版で配布する
（レイアウト調整をして、多くても2枚までにする）

「機会」「脅威」の番号が飛んでいるのは、検討中に発生した集約後の空欄を削除したため

参加者

	強み (S) …ターゲットと比較して （ターゲットがない場合は一般的な発注者ニーズをベースに）
①	財務内容面での信用度が高い
②	建設業としての実績と技術力では知名度がある
③	○○施設ではハイグレード、ローコストで認知されている。現場
④	○○施設ではメンテ対応が他社より優れている
⑤	特命で受注できる大口顧客を持っている
⑥	工事単価が高く、利益が取れる顧客を持っている
⑦	少数精鋭で現場管理者の能力は高いほうである
⑧	社員ぞれぞれの原価・経費意識が高いほうである。営業各自に
⑨	営業エリアが九州内一円と広く、九州内ならどこでも対応
⑩	

外部環境

機会 (O)

区分	番号	内容	組み合わせ番号（例〈2〉-⑤）	【積極戦略】自社の強みを活かして、さらに伸ばしていく対策。または積極的に投資や人材配置して他社との競合で優位に立つ戦略
市場・顧客	〈1〉	資金力がある建設会社及び信用力のある会社は受注の決め手になる	〈1〉〈2〉-①	銀行、リース会社、不動産会社との業務提携による情報収集（今は信金、地銀、リース、地元不動産ぐらいなので増やす）
	〈2〉	金融機関が我が社を信用格付することで、顧客からの評価がわかりやすくなる		
	〈3〉	資金力がある建設会社は協力業者に支払いを現金化することで、外注コストの削減ができる	〈4〉〈5〉-④	「メンテナンス事業部」を設立して、既存物件の維持管理のシステム化やパッケージ商品を開発提案する
	〈4〉	新設需要は減退するが、既存施設のリフォーム、メンテナンス需要は伸びる		
	〈5〉	公共施設や学校等の耐震補強ビジネスは今後も予算が出る	〈5〉-⑦⑧⑨	公共施設や学校等の「耐震補強」の提案と「診断から施工までのパッケージサービス」の商品化を進め、パンフレットとWeb営業を展開する
	〈6〉	スマートシティの実現に向けてトータルコーディネートができればチャンスは広がる		
	〈7〉	不動産価格下落に伴い、開発型の土地有効活用提案があれば主導権が握れる	〈2〉-①	金融機関からの出向社員を受け入れ、物件情報や企業情報を得るようにする
	〈8〉	高齢化と福祉予算の増加にともない、介護関係施設の建築は増える		
競合	〈9〉	鋼材を先に押さえることができるので、鋼材高騰時には有利	〈10〉-⑦⑧	○○方式の施工方法をノウハウ化し、ローコスト施工が可能なように、外注、仕入業者と「年間契約」を進める
	〈10〉	ローコストの現場で価格訴求できれば、まだまだ物件はある		
	〈11〉			
供給先	〈12〉	財務内容がよい建設会社には関連業界（不動産等）のネットワーク構築や情報が集まりやすくなる	〈9〉-①②	商社からの資本を受け入れ、鋼材確保と商社物件の受注を増やす
	〈13〉	Webでの入札や資材調達が増え、より低コストの仕入が可能になる		
	〈14〉	倒産した建設会社の社員等、技術者や営業も低コストで採用しやすくなる	〈8〉-③⑦⑧⑨	設計事務所と連携して、ローコストノウハウを入れた介護施設の受注を強化する
他社政治社会経済環境	〈16〉	高齢化にともなう施設拡充やバリアフリー工事、小規模施設はもっと増える		
	〈17〉	環境汚染、排水処理、廃棄物処理、土壌浄化のノウハウがあれば、大手ゼネコンともJVが可能		

脅威 (T)

区分	番号	内容	左記の状態で、今のまま具体的な手を打たない場合、どれくらいマイナスになるか概算数値や%を書く	組み合わせ番号（例〈2〉-⑤）	【差別化戦略】自社の強みを活かして、脅威をチャンスに変えるには何をどうすべきか
市場・顧客	〈1〉	原材料の値上げと消費の低迷で設備投資が減るので、受注減になる		〈1〉-②	開発、不動産紹介での特命工事受注が少ないので、優良不動産・コンサルの発掘と自社開発のシステム構築をしていく（優良不動産、コンサルのリストアップ及び評価）
	〈2〉	競争状況がさらに厳しくなり、赤字受注が発生する可能性が大きい			
	〈3〉	倒産や倒産予備軍が増加する（取引先の与信調査の徹底が必須）		〈12〉-⑦	安全・労務管理が不徹底で事故件数も多いので、管理体制組織の明確化をしていく（安全管理・労務管理の責任者の明確化及び定期的パトロールの実施）
	〈4〉	協力業者の倒産が増え、常用している業者が使えなくなる可能性がある。結果、残った業者のコストが上昇する			
	〈5〉	大手ゼネコンがより低価格の物件まで営業を仕掛けてきて、価格競争が一段と熾烈になる			
競合	〈9〉	これまで市場を牽引してきたマンション需要が減退する			
	〈10〉	県内での案件が減り、より遠隔地の受注のために非効率になり現場経費も上昇する			
供給先	〈12〉	労災事故や大きなトラブルが発生すれば、今後の下請営業がしづらくなる			
政治経済	〈14〉	建築基準の改正により増築工事の受注が少なくなる（既存客の増築計画が中止になることが増える）			

会社名（㈱○○建設）

	内部要因		
		弱み（W）　…ターゲットと比較して （ターゲットがない場合は一般的な発注者ニーズをベースに）	
	①	得意分野のエンターテインメント施設で工事原価率が高いほうである（他社より3%は高い）	
	②	特定業界比率が70%と高く依存し過ぎている。一般建築では競争力が弱い	
経費率が低い(他社より2%)	③	一般建築の特命工事はあるが、利益は少ない（原価率が高い。一般競争に弱いから）	
	④	情報収集力が目標から見るとかなり低い（開発営業をしていない、企画力がない）	
	⑤	マンション、住宅、一般建築の企画提案商品が少ない	
	⑥	業務提携（ネットワークづくり、外部組織づくり）先がない	
	⑦	土地斡旋開発の情報提供で顧客に応える物件が少ない	
提案力がある	⑧	事前の営業段階での問題意識（顧客の要望工期と適正工期）が少ないため、現場の労働時間が長い	
	⑨	最良な安全労務管理ができていない（対応はしているが現場での事故が多い）	
	⑩	技術不足で不採算の土木工事を抱えている	
左記対策を実施した場合の概算数値（売上増減、利益改善、経費増減、件数増減、%増減等）	組み合わせ番号（例〈②〉-⑤）	【改善戦略】自社の弱みを克服して、事業機会やチャンスの波に乗るには何をどうすべきか	左記対策を実施した場合の概算数値（売上増減、利益改善、経費増減、件数増減、%増減等）
	〈④〉-⑤	新築大型物件は減少し、エンターテインメント施設の増改築（小規模主流）は現状より増えていくと思われるので、実績、ノウハウを活かし特命受注できるよう施主の立場に立った助言プラン提供をしていく（市場調査・他社情報の提供）	
	〈①〉-①	物件減少にともない仕事を持たない協力業者も増えてくると思われるので、支払条件、工期短縮、人工数削減の助言協力をして業者コスト低減に努める（優良業者のリストアップと評価表の作成）	
	⑩	土木工事の受注減により、土木社員の建築工事管理教育を行い戦力に育てていく（現場教育・研修会の実施）。土木社員の建設社員への多能工化	
左記対策を実施した場合の概算数値（売上増減、利益改善、経費増減、件数増減、%増減等）	組み合わせ番号（例〈②〉-⑤）	【致命傷回避・撤退縮小戦略】自社の弱みが致命傷にならないようにするにはどうすべきか。またはこれ以上傷口を広げないために撤退縮小する対策は何か	左記対策を実施した場合の概算数値（売上増減、利益改善、経費増減、件数増減、%増減等）
	〈①〉〈②〉	不採算部門の受注は積極的にしない（マンション建設の○○システム、金属部門）	

②特定商業施設の実績が豊富な建設会社

Case Study ③ 事業多角化を模索するイタリアンレストラン
──顧客志向の「機会」を徹底検証

《事業者の概要》
業種・業態：飲食店
月商：170万円
従業員数：4人（パート・アルバイト含む）
SWOT分析の実施日数：2日間
SWOT分析参加者：オーナーと雇われシェフ

　Cレストランは、この地方ではやや高級感のあるレストランとして定着していました。外食業界での客単価の低価格化が進むなかで、Cレストランの高めの価格が次第に客数の減少による赤字の常態化につながっていました。低価格を売りにしている他のファミレスのパスタやピザと値段だけで比較されてしまうこともダメージとなっていました。

　まず、営業をすればするほど赤字が続く悪循環を何とか止めたいのですが、単店舗でのコスト削減は効果が出にくいものです。ましてや原価を落とすことは品質の劣化につながることから、オーナーもそれを望んではいません。

　業績回復のキーワードは「客数のアップ」です。1日平均40人前後の来店客ではどうにもならず、最低でも60人以上にする対策を捻出しなければなりませんでした。そこで、SWOT分析による外部環境と内部要因の分析から、戦略展開や作戦を構築することにしました。

逆転の発想から「新たな顧客層」をターゲットに

　SWOT分析では、まず消費者から見た「店の位置づけ」から価格帯について議論しました。今の価格帯や品質に対するファンも多いことは確かですが、そのファンによる貢献だけでは、赤字がいつまでも続くことになります。新たな対策が必要だということから、SWOT分析でも、「少しでも可能性ある分野はどこか」に注力しました。

　「機会」では、逆転の発想が生まれました。高齢者の多い地域ではイタリアンレストランのニーズは少ないのですが、地域出身者の「帰省時の外食需要」の可能性や、お金を持たない学生が多いなら低価格のファストフード商材の可能性、低価格でも最低限の利益がとれるメニューの開発があれば、まだまだ可能性があるという見解に達しました。また、車の多い国道沿いというメリットを活かせることも可能性の幅を広げました。

　「強み」では、「飽きのこない毎月変わるメニュー」がありました（じつはこれが赤字の原因であり「弱み」でもあったのですが）。また、イタリアンなのにカレーとドレッ

シングの評判が昔から高く、女性の接客レベルが高いのも「強み」でした。女子高校生が近くに多いのも、捉え方次第では「強み」になると判断しました。

クロス分析：新メニュー開発と既存メニューの大幅カットを同時に実施
　「積極戦略」では、テイクアウト開発、女子高生向けアイドルタイム用低価格デザート販売、ワンコインメニューの開発等が決まりました。定番メニューのプライスダウンをしないと今の割高感から注文頻度が落ちていくということでしたが、一度ダウンしたプライスは上げるのは難しいので慎重に対処する必要がありました。それも原価や品質を落とさずに価格を下げるのはそのまま利益ダウンになることから、回転率を上げなければ致命傷になりかねない戦略です。
　そこで、定番中の定番から値下げし、値ごろ感を全面に出し、客数増加を目指すということで一致しました。テイクアウトは人気のあるカレー、ドレッシングから始め、日販最終目標を１万円に設定しました。女子高生向けのデザートメニューはアイドルタイムの生産性向上につながり、デザートは作り置きができることから、低価格で提供しても十分に利益を出せます。ワンコインメニューは、プレートメニューにし、量感はあるが、原価率が高くならない工夫をするようにしました。
　「致命傷回避戦略」では、売れ筋でないメニューの大幅カットが決まりました。これによる売上ダウンの影響は軽微で、利益率改善は著しいものがありました。
　これまで、お客様の要望やシェフの新たな取り組みメニューがあると、どんどんメニューに追加され、メニュー表は10ページにも及んでいました。滅多に注文がないメニューもあるため、稼働率の悪い食材も抱える必要があり、品質面でも利益面でも大きなマイナス要因になっていました。このメニュー見直しは、メニュー表作成に若干の費用はかかったものの、すぐに成果が上がりました。
　これらの経営改善の結果、集客力が上昇し、改善前に比べ日販が15％アップしました。客単価は低価格メニューをそろえたことで逆に低くなりましたが、粗利益率が向上したことで、半年後に単月で黒字を実現しました。

★本ケーススタディにおけるSWOT分析のポイント
① これまでマイナス要素だった地域特性を逆手にとった商品戦略、顧客戦略にシフト
② 強みの商品を店内だけでなく、テイクアウトにも活かした
③ メニューの取捨選択と新メニュー戦略で利益率の改善を図った

V-③　SWOT分析・クロス分析　記入シート

※各「ヒアリングポイントシート」からヒアリングした項目を、各欄に入力する
※4つの窓（TOWS）の入力が終わったら、いったんプリントし参加者に配布する
※プリントする前に空欄を削除して上詰めにして、A3版で配布する
　（レイアウト調整をして、多くても2枚までにする）

	参加者	

「機会」「脅威」の番号が飛んでいるのは、検討中に発生した集約後の空欄を削除したため

		強み (S)　…　ターゲットと比較して （ターゲットがない場合は一般的な発注者ニーズをベースに）
	①	飽きがこないようメニューを毎月変えている（グランドメニューや回変えている）
	②	グループに業態の異なる飲食店があり、そのお客様にも共同の割ができている
	③	常連が評価しているのは居心地がよいことと、メニューが変わって
	④	すべて手作りで味に自信がある（アンケート評価でも毎回上位）。味の評価も高い
	⑤	十五穀米、豆乳、オリジナル野菜ジュースで健康志向を意識したメ
	⑥	旬の食材を取り入れ、毎月メニューを変えている（ドレッシングも毎
	⑦	オーダーから配膳までの時間が、イタリアンの割にはあまり長くなく、ちクレーム」はほとんどない
	⑧	女性スタッフの接客は評価が高い
	⑨	シェフが地域の優秀なシェフとして表彰されている
	⑩	イタリアンレストランだが、カレーとドレッシングの評価は創業以来高い

		機会 (O)		組合せ番号 （例〈2〉 -⑤）	【積極戦略】自社の強みを活かして、さらに伸ばしていく対策。または積極的に投資や人材配置して他社との競合で優位に立つ戦略
外部環境	市場・顧客	〈1〉	この地域は高齢者世帯が多いので、子供たちが帰省する時期にパーティセットのビラ配りをすれば、季節需要がある	〈1〉-④	●近隣に「家族が集まったら、レストランで食事」のキーワードでチラシのポストイン（事前予約でデザートサービス付き）
		〈2〉	学生が近くに多いので、アイドルタイムの商品があれば稼働率は上がる（ファストフードっぽい商材開発ができれば可能）	〈2〉-④	●アイドルタイム時に限ったデザートシステムの開発（少量低価格、またはデザートバイキングで学生を集められる商品）
		〈3〉	スロープをつけ、1Fにシニアが来やすい店にすれば、増える可能性がある。リゾット、和風の商品ならシニア層は増える可能性がある		
		〈4〉	喫煙率は下がっている。2Fの禁煙ルームはすぐ満杯になるので、禁煙スペースを増やせば1Fの回転率は上がる		
		〈5〉	1コインメニューのニーズはある	〈5〉-⑤	●健康商材として1コインのプレートメニューとして「手巻きサンド」（パンとつくり置き具材、ソースのみ提供）で客が自分で包む
		〈6〉	商品提供の工夫次第でテイクアウト市場はまだまだ伸びる		
	競合	〈7〉	コーヒーお替り無料はスタンダードになっているので、女性にとって長居できることが店選びの条件になっている	〈8〉-⑨	●定番メニューの既存単価よりも10～20％ダウンの新単価で、低価格で高品質のパスタ＆ピザをPRする（食材コストの見直し）
		〈8〉	低価格傾向が強くなり、低価格で味がよい品質の商品を数品作れば、来店頻度は高まる可能性がある		
	供給先	〈9〉	大手食品商社から手作り感のある惣菜を仕入れでき、手間削減ができる商材を増やすことは可能	〈3〉-⑤	●近隣のシニア家族にも来店してもらえるように、1Fにスロープをつけ、リゾット等のシニアにも食べられる商品を追加
	流通	〈10〉	おもてなしの接客、信頼あるスタッフや店、味があればお客様は今後もついてくる	〈6〉-⑩	●定番商品のカレーやドレッシングのテイクアウト商品企画を増やす
		〈11〉	クルマの多いロードサイドに店舗があり、駐車もしやすい		

		脅威 (T)		左記の状態で、今のまま具体的な手を打たない場合、どれくらいマイナスになるか概算数値や％を書く	組み合わせ番号（例〈2〉-⑤）	【差別化戦略】自社の強みを活かして、脅威をチャンスに変えるには何をどうすべきか
	市場・顧客	〈1〉	財布の紐が固くなるので、外食では高級志向から削っていく	現状の売上では毎年5～7％ダウンしている		
		〈2〉	低価格大手ファミレスでは、価格の安さとドリンクバー、24時間で長居できるメリットがあり、お客様を奪われている			
		〈3〉	カジュアルイタリアンだが、ランチもディナーも一般の低価格レストランと比較され、価格面で不利になっている			
	競合	〈9〉	コンビニでもパスタの手打ち麺が出ているので、中低価格の消費者が専門店からコンビニに流れる。またコンビニのデザートの品揃えが増えている			
		〈10〉	近隣に同業のレストランが開業予定である			
	供給先	〈12〉	料理人が辞めたり休職した場合、募集してもすぐには後継が来ない			
		〈13〉	中国食材への消費者の関心が強くなっている			
	流通	〈15〉	女性客が90％なので男性の比率を上げたいが、女性が多いので入りづらい（女性はランチでゆっくりしたい）			

V　新たな戦略が生まれた16業種SWOT分析の実例

会社名（イタリアンキッチンカフェ）

内部要因		弱み（W）…ターゲットと比較して （ターゲットがない場合は一般的な発注者ニーズをベースに）	
ランチのスタイルを年1	①	喫茶メニューが少ないので、喫茶目的の客は近隣の○○バーガー、○○ドーナッツに奪われている	
引券が配られ、相互利用	②	何屋なのか外からわかりにくい。イタリアンキッチンは高いとイメージされている。看板がレストランと読みづらく、認知度が低い。親看板がない	
飽きがこないこと	③	メニューが多すぎてわかりづらい。食材の管理がしづらい	
またデザートは効率的で	④	男性スタッフに清潔感が不足。夏場の汗対策がうまくいかない	
ニューを提供している	⑤	デザートでは価格面で○○ファミレスと比較されるので、セットメニューはもっと安めが必要	
月入れ替え）	⑥	常連は多いが新規の客が増えない。また常連が長居をするので、回転率が低い	
お客様が多くても「客待	⑦	レストラン利用目的のお客様がバラバラで統一感が演出されない。客層は20〜30代の女性（OL、主婦）が多い	
	⑧	料理するのが店長のみで、店長が休みになると問題。他の調理人と品質に若干のばらつきがある	
	⑨	5km圏内に同業のイタリアンレストランはあるが、若い女性や高単価の夜のお客はライバル店へ行くことが多い（雰囲気ではライバルが上）	
	⑩	2Fの禁煙部屋はすぐにいっぱいになるが、1Fの喫煙部屋は空いているのに、帰るお客様が結構いる	
左記対策を実施した場合の概算数値（売上増減、利益改善、経費増減、件数増減、％増減等）	組合せ番号（例〈2〉-⑤）	【改善戦略】自社の弱みを克服して、事業機会やチャンスの波に乗るには何をどうすべきか	左記対策を実施した場合の概算数値（売上増減、利益改善、経費増減、件数増減、％増減等）
今まで来なかったゾーンなので、1家族1万円×月間10家族＝7万円可能	〈4〉-⑩	●テラスに喫煙スペースをつくり、1F・2Fを全面禁煙にする	
デザート平均単価150円で15名/日は可能。月間67,500円	〈10〉-⑥	●常連さんと一緒に来た新規のお客様には、現物の「プチデザート」をサービス（デザート注文者にはクッキー）…「店長からのプレゼントです」	
単価は平均15％ダウンで、売上は120％以上を目指す	〈5〉-⑤	●1コインのスピードランチ（冷凍麺）で男性客の増加を図る（手早く男性向けでコストも安い商品）	500円×7名×30日＝105,000円
2,000円/日×30日＝60,000円/月可能	〈11〉-②	●「イタリアンキッチン」のサブネームを「パスタ＆ピッツァ」	
左記対策を実施した場合の概算数値（売上増減、利益改善、経費増減、件数増減、％増減等）	組み合わせ番号（例〈2〉-⑤）	【致命傷回避・撤退縮小戦略】自社の弱みが致命的にならないようにするにはどうすべきか。またはこれ以上傷口を広げないために撤退縮小する対策は何か	左記対策を実施した場合の概算数値（売上増減、利益改善、経費増減、件数増減、％増減等）
	〈1〉-③	●売れ筋ではないメニューの大幅カット	値下げしてもメニューカットで原価率は上昇を抑制

③事業多角化を模索するイタリアンレストラン

Case Study ④ 製造業機能とサービス業機能を兼ねた印刷会社
―― 付加価値商品づくり

《事業者の概要》
業種・業態：印刷業
年商：30億円
従業員数：50人（パート・アルバイト含む）
SWOT分析の実施日数：2日間
SWOT分析参加者：経営者以下、幹部含めて10名

今後の差別化戦略を検討するため、1回目でSWOT分析・クロス分析まで行い、「積極戦略」と「致命傷回避・撤退縮小戦略」の仮説を立てました。3か月後に2回目を行うまで、クロス分析で出た仮説が妥当かの検証作業（リサーチ）をしてもらいました。2回目の検討会では仮説検証結果、さらに戦略の絞り込みと修正を再討議しました。

「機会」分析から今後のニーズを詳細分析

1回目のSWOT分析検討会では、「機会」と「強み」を中心に議論し、積極戦略の対策を議論しました。印刷業も最新の技術や機器が開発され、従来の「町の印刷屋さん」はかなり淘汰されています。そのなかで「機会」では、商品ターゲットを絞ったWeb通販、印刷通販、DM関係の可能性が多く出ました。また、製造設備を稼働させることが赤字につながり、外注したほうがコストパフォーマンスが高いことも「機会」と捉えました。

印刷会社の業務範囲が広がり、顧客のアウトソーシングを受注できる幅を広げることも可能であると判断しました。また、印刷だけでなく、DM封入印字や発送代行までニーズがあるとの意見も出ました。さらに、Webであろうが、DM、パンフであろうが、コピーライティングのニーズは今後ますます高まると考えました。

「強み」は、ホームページ制作やライティング等のソフト部門があること、そして独自媒体をもっていることから、多様な媒体にも適応できるネットワークをどう生かすかがカギになりました。

クロス分析：多種多様な新戦略・付加価値商品を生み出す

そこで「積極戦略」では、「印刷通販市場はまだ伸びる。しかしターゲットを絞ったものでないと先行者には勝てない」と認識し、業種別印刷通販のWebサイトの立ち上げが決まりました。また、DMを増やしていることから、商品の発送代行、顧客管理代行のニーズに対応するため、一部老朽化した製造設備を売却して工場内で別事業部として行うことも決まりました。

今後ニーズが見込まれるコピーライティングでは、その能力のある人材の確保をPRするとともに、販促につながる小冊子やWebランディングページの作成を提案していくことが決まりました。ただし、多くの場合、社内で行うと無料サービスになりかねないので、別部門または別会社で有償サービスにする方向にしました。

　これらの戦略や対策が本当に有効なのかどうかを検証するため、顧客にヒアリング検証をした結果、ホームページ支援機能については高いニーズがありましたが、発送代行サービスはそれほどでもありませんでした。製造部門の機械を撤収し、発送代行部門を作るということは当面保留になりました。顧客からのヒアリングで得たヒントは、「大判DMなどの目立つタイプの印刷物」には興味があるということでした。顧客は「印刷会社は印刷の仕事」というイメージからなかなか広がらないということもわかりました。

　その結果、ホームページ作成とランディングページを提案するWebページを作成しました。また、小冊子受注のため、まずはサンプル作成を目的に、ある顧客に無料で小冊子作成を請け負ったり、低価格大判DMのパンフを作成して、営業を支援する対策に着手しました。

　「致命傷回避・撤退縮小戦略」では、採算に合わない営業所を今回のSWOT分析を機会に廃止することにし（最終的に役員会で決議）、赤字営業所を事実上、閉鎖しました。また、折り込みチラシも赤字なら追いかけない（特定クライアント以外）ということを徹底するようにしました。これらの撤退・縮小戦略による余剰人員は、営業マンの活動時間を十分に確保させることの穴埋めとして、手薄となる営業事務要員に各課1名配置しました。

　この企業がもっている強みと可能性を掛け合わせた「積極戦略」は、参加者の納得度の高いものでしたが、3か月の仮説検証後に、顧客からの声をベースに戦略の見直しを行いました。SWOT分析で出た結論がそのまま使われず。違う形で物事が決まるという典型的なパターンでした。

　これらの改善の結果、選別受注が影響して一時的な売上ダウンはありましたが、顧客への提案商材が増え、また新規開拓件数がSWOT分析前と比べて、1営業マン当たり1.5倍になったのは大きな成果と言えます。

★本ケーススタディにおけるSWOT分析のポイント
① 「機会分析」から、現在のビジネスの延長線上にどんな派生ビジネスがあるかを見た
② クロス分析から複数の仮説が生まれたが、それを検証するヒアリング調査を行った
③ いろいろなソフトビジネスに手を出すより、本業関連を深掘りすることになった

V-④ SWOT分析・クロス分析 記入シート

※各「ヒアリングポイントシート」からヒアリングした項目を、各欄に入力する
※4つの窓（TOWS）の入力が終わったら、いったんプリントし参加者に配布する
※プリントする前に空欄を削除して上詰めにして、A3版で配布する
　（レイアウト調整をして、多くても2枚までにする）

「機会」「脅威」の番号が飛んでいるのは、検討中に発生した集約後の空欄を削除したため

	参加者

強み（S）…ターゲットと比較して（ターゲットがない場合は一般的な発注者ニーズをベースに）

①	この地域では歴史のある印刷会社である。売上規模も中堅で、○○の信頼と期待が高い
②	印刷業界では必要な投資をできない企業が多いが、同社はITやソフト資金への投資が捻出可能（銀行とコミットメントラインを持っている）
③	ホームページ制作部門を持っている
④	一貫体制の集中工場を持っている（人材を多用に活用できる）
⑤	制作部門のスタッフにライティング能力の高いものが数名いる
⑥	女性営業が徐々に育ってきた
⑦	直取引の大手○○会社から有力広告代理店まで幅広い顧客層を持つ
⑧	印刷会社の域を超えて、個別クライアントごとのソリューション提案の
⑨	多様な媒体提案ができる
⑩	独自媒体を持っている

機会（O）

区分		内容	組合せ番号（例（2）-⑤）	【積極戦略】自社の強みを活かして、さらに伸ばしていく対策。または積極的に投資や人材配置して他社との競合で優位に立つ戦略
外部環境 市場・顧客	〈1〉	通販小ロット多品種の販促商材は今後も成長する（今後もOne to OneマーケティングでDMは伸びる）	(2)-③	低価格を売りにしたネットでの印刷通販への参入企業が増えているので、専門性に絞ったネット印刷通販を立ち上げる（業種別のネット印刷をホームページで受注）
	〈2〉	ネット上の印刷通販は成長する（小ロットはネット上の印刷物の受発注が主流になる）		
	〈3〉	印刷（紙）とWeb、携帯とのメディアミックス提案が、販促支援での必要な機能になる	(5)-③ ④	小規模事業者の通販会社の発送代行、顧客管理代行を請け負う部門または担当を立ち上げる（一部の製造機械を完全に撤去し、そこで作業。出来高制で請け負う）
	〈4〉	年齢別の雑誌に同梱チラシをすれば、効果が上がる。電話、メールの窓口まで一括してできる機能を持てばPRしやすくなる（この地域に通販したい零細業者は多い。売上5％の出来高制）		
	〈5〉	Web通販に飛びついたが継続できてない零細業者をターゲットに、代行サービスを提案（出来高制）	(7)-⑤	クライアントのニーズを印刷にするだけでなく、自社の企画商品としてニュースレター、小冊子、広報誌、自費出版を開発する（またはそれをWeb上でPRする）
	〈6〉	ネット通販業者とDM通販業者は、多様な販促パターンを持った印刷会社やデータ分析ができる代理店に発注するようになる		
	〈7〉	ライティング（ニュースレター、営業用小冊子、広報誌、自費出版、Web、エンディングノート等）	(9)-④	老朽化して非効率なオフ輪を止め、作業スペースをつくる。オフ輪業務は外注する
	〈8〉			
競合	〈9〉	オフ輪の外注先は稼動を上げるため低価格で外注を受けるので、外注コストが下げられる		
	〈10〉	受注が減少した外注先は元請の価格要求を受けざるを得ないので、内製化するよりも外注に方が利益が出る		
流通	〈15〉	通販業者、スポットで印刷物を大量に発送する会社は、発送代行・物流代行まで依頼するケースが増えてくる		
	〈16〉			
	〈17〉			

脅威（T）

			左記の状態で、今のまま具体的な手を打たない場合、どれくらマイナスになるか概算数値や%を書く	組み合わせ番号（例（2）-⑤）	【差別化戦略】自社の強みを活かして、脅威をチャンスに変えるには何をどうすべきか
市場・顧客	〈1〉	今まで市場のあった広告チラシ、フリーペーパーが大幅減少…これに依存する印刷業は淘汰される。代わってモバイル機器やWeb比重が上昇			
	〈2〉	DMを大量に発行する会社向けの営業は、大手同業者や顧客である広告代理店とバッティングする可能性がある			
	〈3〉	受注不振の印刷会社が稼働率を上げるために考えられない価格で営業し、価格秩序がますます崩れる			
	〈4〉	一般印刷の紙媒体はますます減少する			
競合	〈5〉	円安で紙代、インク代等の原材料仕入れが上昇しているが、なかなか価格転嫁できない			
	〈6〉	消費税が上がっても価格転嫁が厳しい			

V 新たな戦略が生まれた16業種SWOT分析の実例

会社名（㈱○○商業印刷）

内部要因		
紙問屋など納入業者から		弱み（W）…ターゲットと比較して （ターゲットがない場合は一般的な発注者ニーズをベースに）
紙問屋など納入業者から	①	デジタルサイネージ等の先進的な広告についての知識や取り組みが弱い
フトウェアなど必要設備	②	直にクライアントのソリューション営業ができる人材が不足
	③	営業が商談から作業まで行うため、実質営業時間が少ない
	④	営業、製造とのコミュニケーションが不足（設備知識不足、作業工程理解度不足等）…ITでの『情報の見える化』不足
	⑤	幹部がプレイングマネージャーであり、直接業務比率が高い（人材育成の時間が取れていない）
	⑥	管理者、拠点長及び責任者のマネジメント能力が低い
	⑦	売上の少ない諸口顧客に時間を取られる営業が多い（断れない）
実績が多い	⑧	1機しかないオフ輪では、チラシ印刷での利益がとれず赤字である
	⑨	営業マンが中高年になり、若手が完全に不足している
	⑩	

左記対策を実施した場合の概算数値（売上増減、利益改善、経費増減、件数増減、%増減等）	組合せ番号（例〈2〉-⑤）	【改善戦略】自社の弱みを克服して、事業機会やチャンスの波に乗るには何をどうすべきか	左記対策を実施した場合の概算数値（売上増減、利益改善、経費増減、件数増減、%増減等）
	〈3〉〈6〉-①②	モバイルや今後のマーケティングに関する知識アップのために専門企業と業務提携	
	〈7〉-①	デジタルサイネージの研究を行う…何が必要なサービスになるのか、何がビジネスになるのか	
	〈15〉-⑧	物流代行ができるピッキングサービス事業の研究をする	

左記対策を実施した場合の概算数値（売上増減、利益改善、経費増減、件数増減、%増減等）	組み合わせ番号（例〈2〉-⑤）	【致命傷回避・撤退縮小戦略】自社の弱みが致命傷にならないようにするにはどうすべきか。またはこれ以上傷口を広げないために撤退縮小する対策は何か	左記対策を実施した場合の概算数値（売上増減、利益改善、経費増減、件数増減、%増減等）
	〈3〉-⑦	□□地域の○○拠点を廃止し、出張営業に切り替え、コストを削減する	
	〈3〉-⑧	利益の取れない折込チラシのみは追いかけない。オフ輪を撤去する	
	〈5〉-②③	付加価値を高めるソリューション営業をするため、営業事務として1課に1人のパート（昔の営業事務員）を配置する。時間がある時は制作の手伝いをさせる	

④製造業機能とサービス業機能を兼ねた印刷会社

Case Study ⑤ 小規模住宅会社
──ハードで差別化できないなら、ソフト戦略で

《事業者の概要》
業種・業態：住宅建設
従業員数：10人
SWOT分析の実施日数：3日間（1日3時間）
SWOT分析参加者：社長以下役員4名とコンサルタント

　E住宅会社は、毎年経営計画書を作成しており、昨今の不動産不況のなかでも堅調な受注状況が続いています。それは、SWOT分析をする以前から、自社のレベルを客観的に把握しており、「身の丈にあった経営」を推進しているからでしょう。
　E社でのSWOT分析は、経営会議を使い、延べ9時間ほどをかけて、SWOTシートを作成しました。現在は、SWOTクロス分析から抽出された中期ビジョンと必要な戦略や具体策について検討中です。

TOWSの順番でバランスよく検討

　最初に行ったのが、基本どおり「脅威」と「機会」の外部要因分析からでした。住宅業界の「脅威」と言えば、まず不況の影響（リーマンショック）で同業者倒産が相次いでいることがあります。とくに分譲を行う不動産ストックをもっている中小の住宅会社は厳しい状況にあります。さらに、1件の新築情報に多くの住宅会社が群がり、値引き合戦の消耗戦をしている要因も少なからずあります。
　このような厳しい環境ながら、E社での「脅威」の項目は意外に少ないものでした。それは、分譲をしないことと、展示場展開や広告を出さなくても、ほぼ100％が紹介で決まっているため、住宅不況の影響を受けにくいということが大きな要因でした。
　「機会」では、瑕疵保証が義務化されたことで、施主の安心感では大手と変わりなくなった点や、住宅の高機能化、省エネ化がさらに進む点があげられました。住宅減税や制度面の追い風もありますが、E社にとっては、そういう追い風にあまり関係ない施主層を相手にしているので、機会としてはあがっていませんでした。
　「弱み」は、「強み」と表裏一体ですが、「施主からの評価が高い」反面、「お客様に尽くすサービスが業務効率悪化の主因」になっているということがあります。また、この規模の住宅会社はどこも同じですが、経営者の営業力で受注が決まるという側面があります。しかも、経営者は60歳を超えており、事業承継を考えているときに、次の世代ではどうなのかという大きな課題も残っています。
　「強み」で特徴的なことは、「販促経費をかけなくても、ほぼ100％が紹介による受注」であることです。これが可能なのは「弱み」でもある「顧客にトコトン尽くす姿

勢」があるからです。会社の基本コンセプトを工務店や住宅会社ではなく、設計事務所として前面に出していることも顧客からよいイメージをもたれている理由でした。
　「機会」では、「今後は、住まい方の提案の優劣が業者判断の基準になる」と考えました。また、中古住宅や老朽マンションのリフォーム需要は伸びると判断しました。SWOT分析を行った時点では、まだ景気回復の兆しが見えない状況であったので、外部環境面の機会はあまりありませんでした。

クロス分析：施主へのPRツールとストック・ビジネスへの挑戦
　次にクロス分析を行いました。「積極戦略」では、公務員の顧客が多いのは受注安定上大きなメリットであるので、1人1人のOB施主への接点を増やすための企画を考えることが上位にきました。さらに、リフォームのPRをもっと積極的に行うために、ホームページへの取り組み、特定地域の不動産会社との深い付き合いの模索などがあげられました。とくにホームページが充実していないことから、即行動できることとして積極戦略の上位にあげられました。このホームページと「住まい方提案」の小冊子を連動させ、見込み客や紹介客にソフト面でPRするようにしました。
　「致命傷回避戦略」では、「1件1件の対応に時間がかかり過ぎるのは、基本提案パターンが確立していないからだ」という理由で、注文住宅ながら規格住宅ではない「提案の絞り込みができるイメージプランの構築」があげられました。
　「改善戦略」では、アフターサービスをもっとアピールする方法や、ツールの弱さを補強するために、簡易ガイドブックの作成が提案されました。マンションリフォームは実績づくりが先であり、一気に進められないということで改善戦略にあがりました。また、協力業者会に固定的に発注していることでコストが下がっていないと判断し、協力業者会以外にも見積りの門戸を開き、競争状況を作るようにしました。
　「致命傷回避・撤退縮小戦略」では、縮小撤退する事項はなかったのですが、放置できない課題として、積極戦略や改善戦略にもあがった「住まい方パンフ」がここでも取り上げられ、優先事項の高さを示しました。このパンフの作成を優先して仕上げ、その後、ホームページを作成していきました。
　クロス分析から出てきた戦略では、すでに実行に移されているものも複数あります。「自社都合よりお客様都合優先」の思想を貫けば、よほどの事故がない限り、極端な業績悪化はないのではないかと感じました。

★本ケーススタディにおけるSWOT分析のポイント
① 外部環境に関係なく、既存客や新規施主に「強み」をどうPRするかを議論した
② 住宅の構造や設備のハード面でなく、ソフト面で差別化する戦略を検討した
③ 後継者へのバトンタッチ後を想定した戦略をそろえた

Ｖ-⑤　SWOT分析・クロス分析　記入シート

※各「ヒアリングポイントシート」からヒアリングした項目を、各欄に入力する
※4つの窓（TOWS）の入力が終わったら、いったんプリントし参加者に配布する
※プリントする前に空欄を削除して上詰めにして、A3版で配布する
　（レイアウト調整をして、多くても2枚までにする）

「機会」「脅威」の番号が飛んでいるのは、検討中に発生した集約後の空欄を削除したため

参加者

	強み（S）… ターゲットと比較して（ターゲットがない場合は一般的な発注者ニーズをベースに）
①	お客様とのコミュニケーション、打ち合わせ時間を最優先で
②	営業に権限があり、現場で即判断ができる
③	全社員で施主に対応する風土がある（引渡し時の全員清掃等）
④	施主の要望に応じてプランの変更対応、提案ができる（プラン
⑤	設計事務所というネーミングと社長のブランドイメージ（マスコ格はリーズナブル
⑥	OB施主との長く良好な付き合いができている（ハートフルな
⑦	人脈のつながりによる紹介比率が高い（営業経費〔広告、
⑧	フルチョイスですべての要望に対応できる（技術的にできない
⑨	支払いが早く、外注先との信頼関係がある
⑩	公務員の施主の比率が高い（30～40%）

外部環境

機会（O）

				組合せ番号（例）〈2〉-⑤	【積極戦略】自社の強みを活かして、さらに伸ばしていく対策。または積極的に投資や人材配置して他社との競合で優位に立つ戦略
市場・顧客	〈1〉	公務員や安定した職業の客層に業者が集中する。顧客として魅力ある層になる		〈1〉-①⑦	公務員組織（自衛隊、警察、学校職員）へのPR強化（共済会等への広告や紹介ルールづくり）
	〈2〉	本物志向、健康志向、エコ志向のニーズが高まり、単価は高くなる可能性がある			
	〈3〉	脱都会、癒し志向でリゾート（○○地域）に注文住宅を建てる層が増える		〈5〉〈15〉-⑤⑥	既存施主からのリフォームの紹介システムの確立（設計事務所のリフォームのPRをホームページで事例紹介）
	〈4〉	高耐久、高耐震住宅、省エネ住宅のニーズはさらに高まり、標準仕様になっていく			
	〈5〉	新築市場の低迷でリフォーム市場が拡大する		〈2〉〈10〉-④⑤	富裕層向け商材（離れ、庭園、テラス）の開発と、団塊の世代が喜ぶ商材（露天風呂、部屋リフォーム）外商部との営業提携で、新規客の開拓
	〈6〉	中古、老朽化マンションのリフォーム需要が伸びる			
	〈7〉	詐欺まがいのリフォーム会社が跋扈しているので、新築で信頼できる住宅会社は有利になる		〈15〉-⑤	ホームページの充実とイメージ戦略の導入で、新規の問い合わせ客の拡大
	〈8〉	「こだわり派」の若手施主が増えて、個性ある設計ができればニーズを取り込める			
競合	〈9〉	アフターサービスが徹底されれば、小工事や紹介、リフォーム等も特命でもらえる		〈11〉-①④	今後は「賢く、正しい生活習慣ができる子育て支援住宅」の提案、「2世帯がうまく機能する配慮とぬくもり住宅」の提案をベースに「生活カタログ」を小冊子化し、さまざまなケースを掲載する（生活上の問題をよく知った住宅会社であることを認知させ、奥様の立場に立った提案をする）
	〈10〉	富裕層向け商材を開発すれば、不景気でも受注が見込める			
	〈11〉	単なる住宅ではなく、「住まい方」にこだわる提案があれば、需要を取り込める			
供給先	〈12〉	安定受注のある住宅会社には、仕入先も協力業者も低価格で対応してくれる			
	〈13〉				
	〈14〉				
流通	〈15〉	ホームページによる住宅会社の情報収集は今後も増える			
他経政社済治	〈18〉	瑕疵保証が義務化され、住宅会社の規模による信頼感は中小と変わらなくなる			
	〈19〉	消費税がさらにアップされれば、駆け込み受注がある			

脅威（T）

			左記の状態で、今のまま具体的な手を打たない場合、どれくらマイナスになるか概算数値や%を書く	組合せ番号（例）〈2〉-⑤	【差別化戦略】自社の強みを活かして、脅威をチャンスに変えるには何をどうすべきか
市場・顧客	〈1〉	住宅着工件数がピーク時の半分（80万戸）まで落ちて、市場が収縮している		〈9〉-⑤	知名度を活かし、スタイリッシュ・ファニチャーの小売店と業務提携し、共同でイベント開催。まずはイメージパンフを作成
	〈2〉	不況を反映して2～3年住宅購入を見合わせる（買い控え）。全体的な着工件数が減る			
	〈3〉	市場が収縮し、競合により価格競争が激しくなり、利益がとれなくなる		〈4〉-⑤	グループホーム施工例と自社ノウハウを整理し、グループホーム、小規模多機能等の『パターン提案』の作成
	〈4〉	介護保険がパンク状態で、施設建設は減る（今は景気対策で認可されるグループホームは増えている）			
	〈5〉	中価格の坪単価のゾーンの施主は、低価格に一気に流れる可能性がある			
	〈6〉	過去の施主と縁が切れると、リフォーム等が第三の業者に流れ、その結果施主の不利益になる可能性がある			
	〈7〉	不況を反映して零細企業のサラリーマンではローンが組めない（購入意欲はあってもローンが下りないケースが増える）			
競合	〈9〉	同業のハウスメーカーだけでなく、輸入家具等の「ライフスタイル」から住宅営業を仕掛ける業者が増える			
供給先	〈12〉	住設機器サプライヤーや部材業者の淘汰が進んで、より大手に集約されると、中小工務店には条件がきつくなる			
流通	〈15〉	施主のインターネットによる情報過多で、勉強した顧客が増え、住宅会社のほうが後手に回る（住宅部材のネットによる低単価情報を知っている）			

Ｖ　新たな戦略が生まれた16業種SWOT分析の実例

会社名（㈱○○住宅）

		内部要因	弱み（W）…ターゲットと比較して （ターゲットがない場合は一般的な発注者ニーズをベースに）	
多くとる（施主満足度が高い）		①	経営幹部の業務が忙しく、社員と情報共有する時間が少ない	
		②	商品の差別化をPRするツール不足で、施主へのインパクトが弱い	
の満足度が高い）		③	お客様との打ち合わせ時間が長すぎて、他の業務時間が削られている	
		④	メーカーに比べてアフターをPRできるレベルになっていない（実質巡回しているのにアピール不足）	
ミでも知名度）があるのに、価		⑤	時間がかかった仕事をしている割には利益が出ない	
付き合いが続いている）		⑥	現場管理レベルが大手プレハブメーカーと比較して低い（業者への指導力が不足）	
展示場等）があまりかからない）		⑦	攻めの営業が少ない（紹介に依存し過ぎの傾向）	
ことはない）		⑧	外注先が固定化しており、競合させていない	
		⑨	1人が複数役できる体制ではない（この規模では「あれもできるこれもできる」人材が必要だが、その育成ができていない）	
		⑩	新たな社員が入社しても、社風に慣れ、仕事の仕方を理解するのに時間がかかる	
左記対策を実施した場合の概算数値（売上増減、利益改善、経費増減、件数増減、％増減等）	組合せ番号（例〈2〉-⑤）	【改善戦略】自社の弱みを克服して、事業機会やチャンスの波に乗るには何をどうすべきか		左記対策を実施した場合の概算数値（売上増減、利益改善、経費増減、件数増減、％増減等）
	〈6〉〈9〉-④	軽ワゴンに「アフターサービスカー」として見えるようにする。アフター後の「写真つきメンテナンス見積書」を1か月後に提出。住まいの管理帳に「アフター点検報告書」を毎回挟み込んでもらう		
	〈1〉〈11〉-②	OB施主から新規紹介客へ、当社を説明しやすい小冊子の作成と配布（引渡し時のガイドブックに5部はさむ）		
	〈1〉〈10〉-④	引渡し後のケアのパターン化（工務、営業が行うサービス）とスケジュール…例 絵画・時計の据付、照明関係掃除、窓掃除の作業などのサービスのソフトの形決め		
	〈8〉〈10〉〈11〉-②	「ライフスタイル別」「住まい方のこだわり別」の提案書パンフレットの作成		
	〈12〉-⑤⑧	協力会社の競争見積ができる体制づくりと、新規外注先開拓		
	〈6〉-②	マンションリフォームの実績づくりと施工過程の撮影で、ホームページへのアップ		
	〈15〉-⑤⑥	現場員のネットブック活用による情報共有のアップと記録時間の削減を至急実施		
左記対策を実施した場合の概算数値（売上増減、利益改善、経費増減、件数増減、％増減等）	組合せ番号（例〈2〉-⑤）	【致命傷回避・撤退縮小戦略】自社の弱みが致命傷にならないようにするにはどうすべきか。またはこれ以上傷口を広げないために撤退縮小する対策は何か		左記対策を実施した場合の概算数値（売上増減、利益改善、経費増減、件数増減、％増減等）
	〈5〉-②	中低価格希望者の施主へ、当社オリジナルの「4人家族の理想的な家（理想的な生活アイデアと選べるプランでコストも理想）」のパターンのパンフ化で、提案の絞り込みと施主から見た差別化を打ち出す…社内での認識が統一でき準備も効率も上がる		

⑤小規模住宅会社

Case Study ⑥ ラーメン・チェーンの FC 店（単店舗）
── FC から脱退し、独自性を追求

《事業者の概要》
業種・業態：飲食業（ラーメン店）
月商：120 万円
従業員数：3 人（パート・アルバイト含む）
SWOT 分析の実施日数：2 日間
SWOT 分析参加者：オーナー、雇われ店長、コンサルタント

　グループ会社の多角化ビジネスのなかで、あるラーメン・チェーン店の FC 店として単店舗で営業していましたが、来店客の減少から、毎月の赤字の垂れ流しが続いていました。
　「FC に加盟すれば、いろいろな支援が受けられる」「FC 事例を見ても、いい成績を上げているようだ」ということから新事業に取り組んだのですが、予定どおりの結果が出ません。FC をめぐるこうした事例は多く、不振の原因を FC 本部に転嫁したくもなりますが、本部が立て直しをしてくれるわけでもなく、やはり経営は自らの責任と判断で行わなくてはなりません。
　そこで、店のあり方を根本から改革するために SWOT 分析を行うことになりました。ポイントは、オーナーが店長ではないことから、店長の姿勢も大きな問題でしたが、まず、どういうビジネスモデルにするかの議論を行いました。

FC 脱退により、素人でも作れるメニューづくりが必要
　「機会」では、
　①地域に高校生が多いことから、高校性メニュー（低価格）を用意することの必要性
　②餃子等のテイクアウト商材があれば、売上増の可能性がある
　③プロしかできないシステムではなく、素人でもできて、味にブレがない仕組み
　④地域特性を考えると、1 種類の味より、選べる味が必要
などの対策が出てきました。
　「強み」では、
　①博多とんこつの味を前面に出している店が地域にない
　②駐車場が広い
　③高校生が近隣にいる
ことなどがあげられました。
　「弱み」には、あまり内容がよくないにもかかわらず、FC 本部からタレや麺・餃

子を仕入れなければならず、原価率が高止まりしていることや、地域に合わない価格設定を強制されることなどがあがりました。

　当然、この件については、クロス分析で「積極戦略」を検討する際に、FC 契約をどうするかという討議がなされ、FC 契約を解除しても問題がないこともわかり、独自路線を歩む方向で決定しました。

　さらに、味にぶれがあったり、店内に活気がないことなど、現状の店舗の問題がいろいろと列挙されました。

クロス分析：地代家賃の値下げの根拠を示す

　「積極戦略」では、立地と高校の距離が近いことを活かした低価格メニューの開発や、ファストフードの持ち帰りをアイドルタイムで行うことにしました。とんこつ以外のしょう油や味噌もバリエーションに増やすなども提案されました。バリエーションを増やすことはリスクも伴いますが、スープの供給先を確保できる可能性があるということで戦略にあがったのでした。

　飲食店にとって味や品質は最重要課題ですので、SWOT 分析で決まっても、それを可能にする裏付けが必要になります。

　そこで、SWOT 分析の途中段階から、500 円で提供できるラーメンの開発が急務であることが確認され、自らもラーメン店を経営する専門コンサルタントから提案を受けたり、餃子、タレの供給先と交渉をしながら進めていくことになりました。

　「致命傷回避・撤退縮小戦略」では、赤字の要因として地代家賃の高さも問題となり、賃料減額をいかにすべきかが検討されました。

　まず、現在の状況を過去 3 年の数値実績を見せ、SWOT 分析から出た各種戦略を売上や利益に落とし込み、事業計画書を作成しました。そして、地主に「賃料が減額されなければ赤字になること」「減額を受け入れてくれなければ、閉店するしかないこと」などを訴えて、結果的に 15 万円の賃料は 8 万円に減額されました。縮小・撤退を視野に入れて交渉したことによる大きな成果と言えるでしょう。SWOT 分析による根拠のある"背水の陣"には、大家も納得せざるを得なかったというわけです。

★本ケーススタディにおける SWOT 分析のポイント
① FC からの脱退でも成り立つ「機会分析」を深掘り
② 家賃値下げを渋る家主を説得する根拠として、事業計画書作成のための SWOT 分析を実施
③ 経験、ノウハウがない分、アウトソーシングで自力経営を目指す積極戦略と改善戦略

---

⑥ラーメン・チェーンの FC 店（単店舗）

V-⑥　SWOT分析・クロス分析　記入シート

※各「ヒアリングポイントシート」からヒアリングした項目を、各欄に入力する
※4つの窓（TOWS）の入力が終わったら、いったんプリントし参加者に配布する
※プリントする前に空欄を削除して上詰めにして、A3版で配布する
　（レイアウト調整をして、多くても2枚までにする）

「機会」「脅威」の番号が飛んでいるのは、検討中に発生した集約後の空欄を削除したため

	参加者

強み（S）…ターゲットと比較して (ターゲットがない場合は一般的な発注者ニーズをベースに)	
①	駐車場スペースが広く、多目的の活用ができる
②	席に幅のスペースにゆとりがあり、一般のラーメン店に比べゆっくり
③	隣のレストランからコーヒーやデザートをすぐ仕入れることができる
④	もともと福岡で有名な豚骨ラーメン店のFCを全面に売り出しているは当店のみ
⑤	クルマの交通量が多いロードサイドにあり、通勤の帰り道にある
⑥	
⑦	
⑧	
⑨	
⑩	

外部環境		機会（O）			組合せ番号 (例〈2〉-⑤)	【積極戦略】自社の強みを活かして、さらに伸ばしていく対策。または積極的に投資や人材配置して他社との競合で優位に立つ戦略
	市場・顧客	〈1〉	中高生の通学路なので、テイクアウトの低単価のファストフード（カキ氷、たこ焼き等）みたいな軽食の可能性がある（学校とファミマの間に店がある）		〈1〉-①	学生向けに学割ラーメンやファストフードを駐車場に簡易テントを出して、そこで販売する
		〈2〉	低価格の持ち帰り商材があれば、自宅で食べる中食で売上が上がる（持ち帰り用ラーメン、餃子）		〈2〉-⑤	低価格持ち帰りラーメン（スープはビニールに入れる）、自宅での調理方法をプリントして添付する。持ち帰りを店内でPRする。売価は2食500円。
		〈3〉	とんこつ以外のしょうゆ、みそ、などのバリエーションをもった店は地域にないので、麺モールの可能性がある		〈3〉	とんこつ＋しょうゆ、みそ、などのバリエーションをもった低価格の商品の開発（チャーハンの検討）
		〈4〉	学生に「学割のラーメン」を売る（時間帯は、ちょうど店のアイドルタイムになる）			
		〈5〉	がっつり系のメニューがあれば、もっと男性客を呼べる		〈1〉〈6〉-③	女性を増やすことでコーヒーやちょっとした和菓子を提供する（単価アップ）
		〈6〉	女性が喜ぶあっさり系のメニューやプチデザートがあれば顧客単価が上がる			
		〈7〉				
		〈8〉				
	競合	〈9〉	ラーメン店は、地代家賃が10万円以内になれば、経営が楽になる			
		〈10〉	ローカルでは、1コインをベースとした価格帯なら来客確保が可能			
		〈11〉				
	供給先	〈12〉	LEDに変えることで明るくなり電気料金が下がる			
		〈13〉	プロの職人ではなく、パートでもオペレーションができて、高品質のラーメンが提供できれば、味のブレや職人の退職があっても影響が少ない			
		〈14〉				

	脅威（T）			左記の状態で、今のまま具体的な手を打たない場合、どれくらマイナスになるか概算数値や％を書く	組み合わせ番号（例〈2〉-⑤）	【差別化戦略】自社の強みを活かして、脅威をチャンスに変えるには何をどうすべきか
市場・顧客	〈1〉	外食に向かう客数がますます減少				
	〈2〉	使う金額が減る（低価格志向が強くなる）				
	〈3〉	店での外食回数が減少する				
	〈4〉	競合は○○、△△、□□軒、あとは地元の単独店。こってり系の店の客数が減少傾向にある				
	〈5〉	中高年・高齢者には飽きられる味や油濃さがある。うどん店に流れている傾向がある				
	〈6〉	今後脂っこさ、こってりが敬遠される傾向がある				
	〈7〉					
	〈8〉					
競合	〈9〉	飲み屋街で来店客の多い○○軒が、ロードサイドに出店し競合するようになった				
	〈10〉					
	〈11〉					
供給先	〈12〉	パート募集しても来ない。また曜日・時間帯が限定の要望が多く、シフトが組みにくい。不足した時間帯を埋めるために労務コスト上昇				

V　新たな戦略が生まれた16業種SWOT分析の実例

会社名（㈱○○ラーメン）

内部要因		弱み（W）…ターゲットと比較して （ターゲットがない場合は一般的な発注者ニーズをベースに）	
	①	女性、子どもの客層が薄い	
できる感じ	②	FC本部の専門商社から仕入れねばならない麺、元ダレ、又焼ダレが他社より高い	
……アイテムアップが可能	③	餃子が6個で400円とこの地域では高く、平日はほとんど売れない（土日は家族連れが食べるので、15皿前後/日と多い）	
……この地域では博多豚骨	④	FCの指導に沿った価格帯だが、この地域の感覚ならラーメン単品600円は高い。セットで850円もあまり売れない	
	⑤	窓がなく照明が暗いので、雰囲気が暗い感じがする	
	⑥	週1回定休日にしている（シフトの関係でせざるをえない）	
	⑦	正社員3名体制は今の売上からすれば過剰。高固定費になっている（パートで回す店舗にしなければならない）	
	⑧	この地域では家賃が高いほうである	
	⑨	接客もおざなりで、味もブレていることからお客様離れが進行している	
	⑩		
左記対策を実施した場合の概算数値（売上増減、利益改善、経費増減、件数増減、％増減等）	組合せ番号（例〈2〉-⑤）	【改善戦略】自社の弱みを克服して、事業機会やチャンスの波に乗るには何をどうすべきか	左記対策を実施した場合の概算数値（売上増減、利益改善、経費増減、件数増減、％増減等）
	〈10〉〈13〉-②③④	今の仕入先以外の購入を検討（開発と一緒に検討してくれるコンサルから資材開発、調達先手配までしてくれるブレーンの探索）…顧問にあたってもらう	
	〈4〉-⑥	リニュアル後に週1定休日の廃止 14～17時の売上増対策を考えて、全時間オープン（アイドルタイムに、例えばドリンクバー等）	
	〈3〉〈5〉〈6〉〈13〉-⑨	今までの悪いイメージを変えるために「店名」「メイン商品」「メニュー」「ユニフォーム」「スタッフ」の大幅刷新と同時にリニュアルオープン	
左記対策を実施した場合の概算数値（売上増減、利益改善、経費増減、件数増減、％増減等）	組み合わせ番号（例〈2〉-⑤）	【致命傷回避・撤退縮小戦略】自社の弱みが致命傷にならないようにするにはどうすべきか。またはこれ以上傷口を広げないために撤退縮小する対策は何か	左記対策を実施した場合の概算数値（売上増減、利益改善、経費増減、件数増減、％増減等）
		リニュアル時に低価格品(500円以下)の定番ラーメンの開発（業者と一緒に開発）	
		正社員2名、パート1名体制で行う	
		リニュアル時にLED照明をリースで設置して明るくする	
		家賃は8万円で再交渉する（事業計画を見せてからの交渉）…（8万円でないと成り立たない計画）	

⑥ラーメン・チェーンのFC店（単店舗）

Case Study ⑦　ネット直販中心の化粧品メーカー
――他社との差別化・個性化ワードを捻出

《事業者の概要》
業種・業態：化粧品通販
月商：200万円
従業員数：5人（パート含む）
SWOT分析の実施日数：1日
SWOT分析参加者：経営者、コンサルタント

　化粧品メーカーF社は、自社で製造部門はもたずに、経営者自らが企画・販売を行い、社長の妻とパート従業員が梱包・発送、事務手続き、総務・経理を行っている典型的な小規模事業所です。

　ここでは経営者と当社から2名のコンサルタントによるマン・ツー・マンでの検討を半日かけて行いました。

　ここでのSWOT分析の目的は「いかに差別化するか」でした。商品自体には自信をもっていますが、差別化として打ち出したい戦略やWebの内容、販促手法、商品名などが大手化粧品会社の物まねであり、消費者への訴求力がないことが悩みでした。業績もここ数年、芳しくありません。

　そこで、「機会」×「強み」＝「積極戦略」に絞ったSWOT分析を行いました。

商品には自信あるも、競合激しくなかなか差別化できない

　「機会」の分析では、今後の可能性としてどこにポイントを置けばよいかを検討した結果、「超セグメント化されたニーズのほうが食いつきがよい」ということで、通販モデルで商品ストーリーを明確にしようということになりました。また、今後、シニア市場がますます拡大するのに伴って、そこをターゲッティングしたほうが可能性が広がるのではないかという結論に達しました。

　「強み」では、扱っている化粧品（2種類）の品質と成分が差別化されていることと、高年齢者のモニターでの使用結果の評価が高いことがあげられました。商品がオールインワンの基礎化粧品であり、使ってもらえればリピーターとして獲得できるという実績もありました。すなわち、商品には自信があるのです。

　しかし、これまでの主要ターゲット層が30〜40代の女性であり、この年齢層はもっとも競争の激しいカテゴリーでした。また、大手化粧品会社のようなイメージ戦略をとっているけれども、ユーザーの反応が薄いということは経営者も理解できていたようです。

クロス分析：メイン・ターゲットを絞り込む

　この「機会」と「強み」から、「積極戦略」は年齢50歳以上の年齢化粧品（もっとも狙うゾーンは還暦過ぎの年代）とし、それに相応しいWebデザイン、商品パッケージにすることに決めました。また、コストとの折り合いもあるので、若干時間をかけて、シニア女性へのサンプルモニターを集め、売り方、商品デザイン、機能面、成分、価格等の情報収集をすることも決まりました。

　さらに、Webではアフィリエイトを使っていたものの効果がないことから、それを止めてリスティング広告とSEO（検索エンジンの最適化）に予算を割くようにしました。

　この積極戦略を考える際に、どんなキーワードで訴求するか、コピーも一緒に検討しました。検討会では、「50代以上の女性がキレイになりたいのは、どこで見てもらうときか」を議論し、あるキーワードが決まりました。

　「致命傷回避・撤退縮小戦略」では、商品のPR方針を大きく転換することになりました。

　「強み」で触れているように、メイン・ターゲットの転換とイメージ戦略の見直しが必要なことから、メイン・ターゲットを「50代からの基礎化粧品」にシフトし、イメージ戦略についても、WebデザインからPRパンフのあり方、訴求キーワードを変えるようにしました。

　経営者はマーケティングについて考えてはいたものの、毎日の業務に忙殺され、具体的な整理がなかなかできずにいたため、このSWOT分析はたいへん満足のいくものになりました。

　SWOT分析後、商品コンセプトの見直しからターゲットの絞り込みが明確になり、Webサイトの内容も一新して、50歳以上の新規顧客開拓が進むようになりました。

★本ケーススタディにおけるSWOT分析のポイント
① 「商品全体がよい」ではなく、「とんがった商品の強み」を特に深掘り
② クロス分析では、売り方コンセプトと訴求コピーのメイン・キーワードまで決定
③ 「売り方をしぼる」ためのSWOT分析

V-⑦　SWOT分析・クロス分析　記入シート

※各「ヒアリングポイントシート」からヒアリングした項目を、各欄に入力する
※4つの窓（TOWS）の入力が終わったら、いったんプリントし参加者に配布する
※プリントする前に空欄を削除して上詰めにして、A3版で配布する
　（レイアウト調整をして、多くても2枚までにする）

参加者

「機会」「脅威」の番号が飛んでいるのは、検討中に発生した集約後の空欄を削除したため

強み（S）…ターゲットと比較して
（ターゲットがない場合は一般的な発注者ニーズをベースに）

①	社長が大手化粧品会社2社の勤務経験があり、そのなかから化粧品利用者サイドの思想を持っている
②	モニター経験者からの評価が高い
③	化粧品製造を外注しており、販売に集中できる
④	オールインワンの基礎化粧品の商品があり、使ってもらえればリピート
⑤	無添加の化粧品で、製造方法にもこだわりがある
⑥	年齢化粧品としてPRできる
⑦	キーアイテムはクレンジングとクリームに絞り、わかりやすい
⑧	美容成分が他社製品と比較して高い（95％の美容成分）
⑨	
⑩	

機会（O）

			組合せ番号（例〈2〉-⑤）	【積極戦略】自社の強みを活かして、さらに伸ばしていく対策。または積極的に投資や人材配置して他社との競合で優位に立つ戦略
市場・顧客	〈1〉	化粧品の市場規模は2兆円で止まり成熟しているが、コンセプトが差別化されていれば、ヒットする可能性がある	〈1〉〈4〉-⑤⑧	美容成分の濃縮性を訴求し、美容成分が豊富で無添加をコンセプトとしてPRする
	〈2〉	ネット販売が急成長しており、少額の資金でも参入することができる		
	〈3〉	通信販売ならビューティカウンセラーを置かなくてもよいため、コストがかからない	〈9〉-②④⑤	ターゲットを55歳からの年齢化粧品として、手軽なオールインワンと無添加を訴求する。インターネットだけでなく、チラシや小冊子を作成して口コミを強化する
	〈4〉	化粧品のニーズが細分化されており、ターゲットとコンセプトを決めれば一定のPR効果がある		
	〈5〉	ネットでの化粧品販売のシェアが増えつつある。時間帯に左右されず注文できる	〈2〉-①②⑤	効果がないアフィリエイトを止めて、独自のリスティング広告とSEOに力を入れる。SEO対策は自社で行う
	〈6〉	男性化粧品分野も市場が拡大している		
	〈7〉	単純な化粧品だけでなく、内面からの美への追求が求められている。化粧品の機能だけでなく、コンセプトや目的、ターゲットを明確にしたストーリーがあれば、消費者は食いつく		
	〈8〉	化粧品でもエビデンス（科学的根拠）が求められているので、それを示せれば注文が増える		
競合	〈9〉	シニア市場は拡大し続け、シニアに興味が持たれる化粧品やコンセプトを決めれば、売上拡大は可能		
	〈10〉			

脅威（T）

			左記の状態で、今のまま具体的な手を打たない場合、どれくらいマイナスになるか概算数値や％を書く	組み合わせ番号（例〈2〉-⑤）	【差別化戦略】自社の強みを活かして、脅威をチャンスに変えるには何をどうすべきか
市場・顧客	〈1〉	医薬品系、食品系、酒造系、技術開発系等の異業種が近年どんどん参入しており、競合が激化している			
	〈2〉	大手企業の化粧品ビジネスは消費者に影響力がある			
	〈3〉	50歳以下の人口が減少し、60歳以上の高齢者が増えるが、高齢者の化粧品支出は少なくなる			
	〈4〉	いかがわしい業者の化粧品で肌荒れ等の副作用が出れば、業界全体にダメージ			
	〈5〉	薬事法で表現に制約がある			
	〈6〉				

会社名（㈱○○化粧品販売）

	内部要因		
		弱み（W）…ターゲットと比較して （ターゲットがない場合は一般的な発注者ニーズをベースに）	
会社サイドではない、本当の	①	いろいろ美容効果のある成分があるが、何が差別化につながるかはっきりしない	
	②	ホームページでの販売が中心だが、注文数が目標にいかない	
	③	販促資金がないため、サンプル試供品を提供できない	
率が高い	④	新たな商品を開発したくても、ロットがないと生産してもらえないため、品揃えがなかなか増えない	
	⑤	店舗や美容部員を持っていない無店舗販売のため、なかなか知名度が上がらず、実売が増えない	
	⑥		
	⑦		
	⑧		
	⑨		
	⑩		
左記対策を実施した場合の概算数値（売上増減、利益改善、経費増減、件数増減、％増減等）	組合せ番号（例〈2〉-⑤）	【改善戦略】自社の弱みを克服して、事業機会やチャンスの波に乗るには何をどうすべきか	左記対策を実施した場合の概算数値（売上増減、利益改善、経費増減、件数増減、％増減等）
	〈9〉-③	少資金で商品ストーリーや開発販売者の思いを綴った小冊子を作成し、口コミ強化する。小冊子による見込み客へはサンプルを配布する	
	〈9〉-④	シニアが興味を示す商品名、パッケージデザインの低価格化粧品を開発販売する（今の在庫がある程度はけた後）	
	〈9〉-③	シニア向けの化粧品のサンプルを製作し、近隣の主婦やクラブ関係の人たちに使用してもらい、その効果や意見をすべて手作り小冊子で紹介し、再配布する	
左記対策を実施した場合の概算数値（売上増減、利益改善、経費増減、件数増減、％増減等）	組み合わせ番号（例〈2〉-⑤）	【致命傷回避・撤退縮小戦略】自社の弱みが致命傷にならないようにするにはどうすべきか。またはこれ以上傷口を広げないために撤退縮小する対策は何か	左記対策を実施した場合の概算数値（売上増減、利益改善、経費増減、件数増減、％増減等）
	〈3〉-①	30代、40代の基礎化粧品のカテゴリーでは競争力がないため、50代以上、還暦世代が評価する商品のパッケージや訴求にシフトする	

⑦ネット直販中心の化粧品メーカー

Case Study ⑧ 地域特化型小規模酒造メーカー
——顧客対象を大きく広げるためのSWOT分析

《事業者の概要》
業種・業態：酒造会社
月商：500万円
従業員数：10人（パート含む）
SWOT分析の実施日数：3時間×3回
SWOT分析参加者：経営者と後継者、コンサルタント

　若年層のアルコール離れが顕著になっている昨今、焼酎も一時のブームは終焉し、業界は厳しい状況が続いています。一部のヘビーユーザーに支えられるだけの、ブランドや銘柄に依存した態勢では、売上ダウンは必至で、新たな販売戦略が求められていました。
　この酒造メーカーでのSWOT分析の目的は、
　①新たな売り方の検討
　②今後の経営方針をどうするか
の整理にありました。
　そこで、経営者・後継者と一緒に、SWOT分析を数回の会議で実施しました。

プレミアム性を「強み」で訴求
　まず、「機会」分析の前に、「強み」を徹底的に議論しました。「強み」に希少性やブランド価値があれば、それだけで販売戦略の幅が広がるからです。とくにインターネットによる販売では、「希少性」「差別化」が重要なキーワードになります。
　「強み」では、焼酎の原料に希少性があることや、そのことが過去数回メディアに取り上げられたことがポイントになると判断しました。とくに訴求効果が高い原材料へのこだわりは「強み」であるにもかかわらず、それが販促場面では強力に推進されておらず、地元のヘビー・ユーザーしか知られていないのはもったいないということで参加者の認識が一致しました。
　「機会」では、地域販売ではなく、国内全体やアジアに打って出れば、可能性があることも確認できました。
　近年は、インターネットによる販売の可能性が広がり、海外での愛飲者も増加傾向にあることもチャンスとなっています。とくに中国在住の日本人向けのネット販売などを重点化すれば「機会」になると考えました。
　また、若年層の焼酎離れ対策として、若年層向けの商品開発とともに、商品の一部をプレミアムなものに仕上げることで、百貨店ルートや銘酒ネットなど販売チャネル

の開拓も可能性として検討されました。

クロス分析：新ジャンルのマーケット開拓と原材料確保の両面作戦

　これらの検討の結果、「積極戦略」では、販売用ホームページの充実とアクセス対策、海外での販路開拓、別ブランドづくりが選択されました。ほかにも、「若者の焼酎離れ」対策として、「新たな飲み方提案」や「若者うけするブランドやパッケージ開発」、また、それを可能にする派遣杜氏の採用なども検討されました。

　ネットの活用では、ホームページで即実行できることが多々あることから、ホームページに何を掲載すべきか、コンテンツの内容についてまで議論が行われました。

　海外の販路開拓については、県や商社、貿易振興会などの窓口から情報を集め、できるだけ早い段階で見本市へ参加することになりました。

　プレミアムブランドの展開としては、どのようなイメージや原料、醸造方法に対する"こだわり"を打ち出すか、プロジェクトを立ち上げて1年以内に企画立案することも決まりました。

　「致命傷回避戦略」では、原料の安定供給を図るためには、生産農家の後継者育成を支援することが急務であるとし、後継者育成のための継続的な仕掛けも議論されました。後継者の育成は緊急課題であり、農業従事者の高齢化と低所得により「後継者不足」が深刻になっています。契約農家の後継者支援策の具体化が「致命傷回避」の重要戦略であることが確認されました。

　このような業界では、成功事例がメディアなどで取り上げられることが多く、それを見ていると、どこまで経営者が真剣に取り組めるかで成否が決まっているようです。打ち上げ花火で終わらないように、現実的な戦略立案が望ましいのは言うまでもありません。

　SWOT分析後は、若手採用のために、ハローワークや口コミ紹介で情報の収集を行い、同時にホームページの更新作業にとりかかりました。その後、若手社員の入社とともに、SWOT分析によって構築された新たな経営戦略を推進中です。

★本ケーススタディにおけるSWOT分析のポイント
① 希少性の「強み」を地域外にPR
② 積極戦略としてのWebの活用
③ 致命傷回避戦略としての原材料確保対策

Ⅴ-⑧　SWOT分析・クロス分析　記入シート

※各「ヒアリングポイントシート」からヒアリングした項目を、各欄に入力する
※4つの窓（TOWS）の入力が終わったら、いったんプリントし参加者に配布する
※プリントする前に空欄を削除して上詰めにして、A3版で配布する
　（レイアウト調整をして、多くても2枚までにする）

「機会」「脅威」の番号が飛んでいるのは、検討中に発生した集約後の空欄を削除したため

		参加者

強み（S）…ターゲットと比較して
（ターゲットがない場合は一般的な発注者ニーズをベースに）

①	「○○賞」受賞により、新聞等のメディアへの露出が増え、知名度
②	中高年からの支持が高い
③	製造工程が確立されており、安定した品質の焼酎を提供できる
④	○米と地元の名水を使った焼酎を製造できる…差別化が可能
⑤	○米の知名度がある
⑥	人から人への口コミ紹介で販売が広がってきた
⑦	販売ルートが安定している（○○酒販）
⑧	過去の蓄積があり、資金面や調達面では無理なく、新たな設備投
⑨	
⑩	

外部環境

機会（O）

区分	番号	内容	組合せ番号（例〈2〉-⑤）	【積極戦略】自社の強みを活かして、さらに伸ばしていく対策。または積極的に投資や人材配置して他社との競合で優位に立つ戦略
市場・顧客	〈1〉	ネット販売の方法が多様化しているため、販売ルートと新規販売先の開拓ができる	〈3〉-①④⑥	商社やJETROを通じた海外（中国）向けの商品開発と販路の開拓…見本市への積極出店と、酒販業界との口座づくりを行う
	〈2〉	品質の高い商品(焼酎)に対しては評価され、プレミアムがつき、ブームとなる		
	〈3〉	海外で焼酎の評価が高く、開拓の余地がある	〈1〉-①④	ホームページを更新し（○○賞受賞、○米を前面に出し、PRをする）、通販ができる内容にする（カード決済、ECサイトへの広告、ネット上の無料贈呈等のイベント）
	〈4〉	海外在住の日本人に対してPRすれば、売上拡大が見込める		
	〈5〉	若年層向けへの商品開発の余地がある	〈6〉-④	別ブランドでのプレミアムブランド品の開発（○米名水をPRした県外向高額商品）…ネーミングとパッケージデザイン、パブリシティ、有名人へのアプローチ
	〈6〉	希少性をベースとした全国TVへの仕掛けができれば、一気に拡大が可能		
	〈7〉		〈5〉-④⑥	若年層向け飲み方の開発（バー、老舗旅館への営業、無料配布等）
	〈8〉			
競合	〈9〉	焼酎と抱き合わせでのギフト市場は可能性がある		
	〈10〉	同業の焼酎メーカーと合弁や提携、吸収合併ができれば販売チャンスが広がる		
流通	〈11〉	プレミアムブランドによる希少性を訴求すれば、百貨店ルートや銘酒ネットでの取り扱いが可能		

脅威（T）

区分	番号	内容	左記の状態で、今のまま具体的な手を打たない場合、どれくらいマイナスになるか概算数値や%を書く	組み合わせ番号（例〈2〉-⑤）	【差別化戦略】自社の強みを活かして、脅威をチャンスに変えるには何をどうすべきか
市場・顧客	〈1〉	焼酎ブームの頭打ちによる売上減			
	〈2〉	事故米による品質に対する消費者の評価が厳しくなり、品質管理、製品表示が厳格に求められる			
	〈3〉	地元住民の減少により、地域での販売の減少			
	〈4〉	大手メーカーの安価な焼酎の販売により、消費者が品質の見極めをできず、商品価格が下落する			
	〈5〉				
	〈6〉				
競合	〈9〉	日本酒の売上増による焼酎のシェア減			
供給先	〈12〉	一部の焼酎の値段が上昇し(プレミアム)、焼酎が手に入りづらい			
	〈13〉	○米をつくる農家の高齢化による材料仕入の減少が予測される			
	〈14〉	杜氏の高齢化で若手が育たないと致命的			
流通	〈15〉	既存の酒販ルートだけでは、今後は減少する			
	〈16〉	酒税の変更により、商品価格の設定が難しい			

Ⅴ　新たな戦略が生まれた16業種SWOT分析の実例

会社名（㈱○○醸造）

内部要因			
		弱み（W） …ターゲットと比較して （ターゲットがない場合は一般的な発注者ニーズをベースに）	
が上がった	①	中高年支持とは反対に、若年層の支持者が少なく、若年層向けの商品開発、ラベル等の変更が必要	
	②	杜氏の高齢化が進み、後継者の育成ができていない	
	③	常務の仕事量が増加し、商品開発の時間がとれない	
	④	商品開発を行う時間、機会が不足している	
	⑤	一般管理面で常務の仕事をフォローできる人材がいない	
	⑥	ホームページが販売を前提にした作りになっていない	
	⑦	○米の供給先が先代からの付き合いのある農家に限られており、新たな供給先が開発されていない	
資等が可能な状態である	⑧		
	⑨		
	⑩		
左記対策を実施した場合の概算数値（売上増減、利益改善、経費増減、件数増減、％増減等）	組合せ番号（例〈2〉-⑤）	【改善戦略】自社の弱みを克服して、事業機会やチャンスの波に乗るには何をどうすべきか	左記対策を実施した場合の概算数値（売上増減、利益改善、経費増減、件数増減、％増減等）
	〈5〉-①②③	若者向けの商品開発やネーミング開発により、新たな顧客層の開拓…社外から派遣杜氏を採用	
		販売数量を大幅に上げる計画はない。ブランド価値を維持する	
左記対策を実施した場合の概算数値（売上増減、利益改善、経費増減、件数増減、％増減等）	組み合わせ番号（例〈2〉-⑤）	【致命傷回避・撤退縮小戦略】自社の弱みが致命傷にならないようにするにはどうすべきか。またはこれ以上傷口を広げないために撤退縮小する対策は何か	左記対策を実施した場合の概算数値（売上増減、利益改善、経費増減、件数増減、％増減等）
	〈13〉-⑦	農家からの仕入単価を適正な価格で仕入れるようにし、農家の所得を増やし、安定して米の供給をしてもらう（農家に後継対策を提案する）	
	〈14〉-②	社内で杜氏、営業社員の早期育成、配置転換（若手向けの商品開発を進めるため）	
	〈3〉-④⑤⑥	地元に頼った販売ではなく、県外や国外、直販にシフトする（地元売上を維持しながら、地元比率を50％以内にもっていく）	

⑧地域特化型小規模酒造メーカー

Case Study ⑨ 下請け主体の電気・空調設備業
——自力ビジネスを展開するためのSWOT分析

《事業者の概要》
業種・業態：電気・空調設備業
年商：2億円
従業員数：12人（アルバイト含む）
SWOT分析の実施日数：1日
SWOT分析参加者：社長、後継者の専務、電気部門の責任者（部長）

　I社は電気・空調設備の施工を行う建設会社の下請け主体の企業です。下請け中心の企業が独自に顧客開拓やサービスの提供を行うには、マーケットに活かせるどのような「強み」が具体的にあるかを深掘りする必要があります。

　電気設備業界でも元請けからの価格圧力は強く、どんなに実績や技術を評価されても、価格は別問題という風潮があります。「脅威」にもありますが、物件数が減少しているので、元請けも必死で受注するため、よけいに価格が下落しています。役所の一般競争入札でも利益がとれる物件は少なくなっています。さらに追い打ちをかけたのが資材の高騰でした。

今後の機会・可能性としてソリューション提案を徹底追究
　では、「機会」ではどういうポイントで「タラレバ」を考えたのか——。
　「新築物件は減るが、リフォームやメンテ需要はやり方で可能性がある」
　「RC構造物はますます価格競争が激しくなるが、一般住宅の水回り、電気のメンテニーズがある」
　「省エネ、環境適応のニーズが増え、その該当商材は伸びる」
　「エンジニアリング・セールスができれば、現場でのソリューションができ、囲い込みが可能」
などがあげられました。

　コストパフォーマンスにもよりますが、この業界ではメンテナンスというストックビジネスと、環境対応というエコビジネスが大きな可能性になっています。それに伴い、現在は外注に回している施工も、受注が増えれば内製化が可能になり、コスト競争力を高めることができます。さらに、下請け体質からの脱却という意味からも、独自に一般家庭向けの環境型ビジネスを開拓しなければ、自社の可能性が広がらないと判断しました。

　「強み」では、ディテール（詳細）を聞き出しながら、深掘りしていきました。そうしないと、一般にこういう業界では、ありきたりの「強み」で終わってしまい、ク

ロス分析がしにくくなるからです。その結果、メンテナンス要員が社内にいること、PR ツールをパソコンで作れるスタッフがいること、設計もできる施工技師がいることで、「現場ソリューション」が可能になる等が出てきました。

　「強み」は「機会」に活用できてこそ「強み」となるので、メンテナンス要員がいるということ、ソリューション提案を行えるエンジニアリング営業ができるということは、大きな差別化になると判断しました。

クロス分析：差別化サービスの全面 PR と新たな収益源への取組み
　そこで、クロス分析の「積極戦略」では、
　「一般家庭へのエネルギーコスト診断を目の前でシミュレーションする商品化」
　「空調のメンテを定期的に行い、耐久性向上や故障リスクを減らすパッケージ」
　「元請や施主への信頼をさらに高める Web カメラでの現場撮影」
などの対策が出てきて、具体的実施策として決定までされました。
　そして「空調最適化が提案できるノウハウを持ったエンジニアがいること」と「パソコンを使ったソリューション提案」「現場 Web カメラの情報提供」を武器に、元請への営業強化策につなげることになりました。
　「致命傷回避・徹底縮小戦略」では、「2 か所に分散された倉庫と事務所の統合」や「解体技術習得で廃棄費用削減だけでなく、回収された希土類、非鉄金属の販売のための学習、経験のある人とのネットワークづくり」が早急な課題として確認されました。
　分散倉庫や事務所の統合化は、コスト面、情報共有面でも重要な対策でありながら、これまで本気で本社隣接の地主へ交渉することはありませんでしたが、今回の SWOT 分析での結果をもとに地主交渉を行うようにしました。その結果、当初は賃借とし、その後の条件次第で購入まで考えるようにしました。
　また、解体技術の向上によって廃棄費用のダウン、別途売上の増加につながるという判断から、特定の社員を研修または期間限定の出向ができるようにメーカーへ交渉することにしました。
　SWOT 分析後、中期ビジョン（事業計画）を作成し、年度別にどういう取組みをするかを明文化しました。とくに致命傷回避の倉庫統廃合や解体技術習得の取組みは即実行されました。

★本ケーススタディにおける SWOT 分析のポイント
① 下請けの工事業でも「強み」を深掘し横展開することで直販が可能
② 新築需要の減少を見込み、「ストック・ビジネス・サービス」を開発
③ 致命傷回避戦略として、外におカネが流れている業務の内製化が決まった

V-⑨　SWOT分析・クロス分析　記入シート

※各「ヒアリングポイントシート」からヒアリングした項目を、各欄に入力する
※4つの窓（TOWS）の入力が終わったら、いったんプリントし参加者に配布する
※プリントする前に空欄を削除して上詰めにして、A3版で配布する
　（レイアウト調整をして、多くても2枚までにする）

「機会」「脅威」の番号が飛んでいるのは、検討中に発生した集約後の空欄を削除したため

参加者

	強み (S) …ターゲットと比較して （ターゲットがない場合は一般的な発注者ニーズをベースに）
①	経営者に人脈があり、家庭向けのエアコン、電気照明工事、
②	部品販売、消耗品で20％の売上がある…粗利が取れる
③	単なる機械販売だけでなく、サービス、簡易工事、部材販売
④	優秀な施工技師がいて、空調の最適化の設計提案ができる
⑤	メンテのPRチラシはある…比較表もある（社内でできる能力
⑥	メンテ要員が自社内にいるので、保守、修理が自社でできる
⑦	外注は施工内容、自社のレベル、リスクを考えてバランスよい
⑧	設計ができる社員がいることで、現場の問題点は社内で対応
⑨	
⑩	

外部環境

機会 (O)

				組合せ番号（例）〈2〉-⑤	【積極戦略】自社の強みを活かして、さらに伸ばしていく対策。または積極的に投資や人材配置して他社との競合で優位に立つ戦略
市場・顧客	〈1〉	リフォーム市場は伸びる可能性がある（現状は不景気だからそこまで伸びていない）		〈1〉〈5〉-④	直請けのリフォーム時に、一般家庭向けのエアコン受注やLED照明、節水トイレ等の提案を行う…単なる商品販売ではなく、エネルギーコストの診断ができるパターンとシミュレーションをエクセルで作成する
	〈2〉	新築だけでなく、建替え時のメンテ契約が増える可能性がある			
	〈3〉	Webカメラ等で現場写真をユーザーと共有して、囲い込みのチャンスはある		〈5〉-③⑤	空調設備の更新需要、メンテナンス需要を取り込むため、「メンテナンスのパッケージング」契約パターンを構築し、年間の固定収入増を図る
	〈4〉	CO_2削減を目指して、ビルや工場の大型エアコンの電気料削減や、エアコン効果が高い設計空間の提案が求められている			
	〈5〉	メンテ売上は今後も伸びる		〈4〉-④	空調最適化の設計提案の企画書作成や無料診断でPRする。パッケージのシステム化を行う
	〈6〉	RC構造物ではますます価格競争になるが、一般住宅では空調、電気工事、水周り関係はニーズがある			
	〈7〉	エンジニアリングセールスができるスタッフがいれば、その場で課題解決の提案ができ、既存客からも重宝がられる		〈4〉〈8〉-④⑧	「空調」「電気」「水道」のトータルコスト削減の企画書とシミュレーションソフトを開発し、「エネルギー診断」を無料で行う
	〈8〉	環境型のビジネスは今後も成長する…エネルギーコスト削減が提案できるビジネス（空調以外にも電気照明や水道関係）			
競合	〈9〉			〈3〉〈7〉-⑧	工事現場の進捗状況をWebカメラで撮影し、現場からの問題点を元請や顧客にビジュアルに情報提供できれば、品質のアップとCSアップにつながる
	〈10〉				
	〈11〉				
供給先	〈12〉	安定的に仕事があれば、自社施工ができ、価格競争力が維持できる			
	〈17〉				
政治経済社会他環境	〈18〉	国からの省エネ法の補助金が出る			
	〈19〉				
	〈20〉				

脅威 (T)

			左記の状態で、今のまま具体的な手を打たない場合、どれくらマイナスになるか概算数値や％を書く	組合せ番号（例）〈2〉-⑤	【差別化戦略】自社の強みを活かして、脅威をチャンスに変えるには何をどうすべきか
市場・顧客	〈1〉	不景気で新築物件が減少してる（昨年対比で15％ダウン）。ビル・RC構造物の落ち込みが大きい			
	〈2〉	物件が減って競争が激しく、受注額が低くなっていく。利益が取れない			
	〈3〉	環境問題で廃棄が厳しくなり、廃棄費用が増える			
	〈4〉	メンテ契約の必要性はあるが、コスト面で顧客の腰が引けている			
競合	〈9〉	空調部材では今後、県外大手から営業攻勢が予想される			
	〈10〉	一般入札では極端な単価を出す業者がいる（入札売上は30％未満）			
	〈11〉				
供給先	〈12〉	今後の原価上昇はもっと続く（機器仕入、金属も上がっている）…しかし、単価アップはできない			
	〈17〉				
政治経済他社会環境	〈18〉	国補助事業の見直しがあり、従前の補助金が減額される可能性がある			
	〈19〉				
	〈20〉				

会社名（㈱○○設備）

	内部要因			
		弱み（W）‥ターゲットと比較して （ターゲットがない場合は一般的な発注者ニーズをベースに）		
水周り等の紹介がある	①	ユーザーには報告書形式でデジタル写真を無料で提供しているが、まだ受注にはつながっていない		
	②	営業で実績を出せるのは1人しかいない（営業人材教育が不足している）		
ができる	③	他社より工事管理資格者が不足（1名しかいない）		
	④	HPはあるが、活用度が低い。ただあるだけの状態		
がある)	⑤	サービススタッフが現場のことを一番わかっているが、サービススタッフの営業力が弱い		
	⑥	事業所が分散していてコミュニケーションや報告・連絡・相談に漏れがある		
外注依頼と価格で発注できる	⑦			
可能…勉強会もできる	⑧			
	⑨			
	⑩			
左記対策を実施した場合の概算数値 （売上増減、利益改善、経費増減、件数増減、％増減等）	組合せ番号 (例〈2〉-⑤)	【改善戦略】自社の弱みを克服して、事業機会やチャンスの波に乗るには何をどうすべきか	左記対策を実施した場合の概算数値（売上増減、利益改善、経費増減、件数増減、％増減等）	
	〈4〉-③	工事資格者を1名採用する		
	〈4〉〈8〉-③	HPに「エネルギーコスト診断シミュレーション」ソフトを入れる。エアコンや節水トイレのアウトレット商品。省エネ小物を掲載し、販売できるよう、経費を使う		
左記対策を実施した場合の概算数値 （売上増減、利益改善、経費増減、件数増減、％増減等）	組合せ番号 (例〈2〉-⑤)	【致命傷回避・撤退縮小戦略】自社の弱みが致命傷にならないようにするにはどうすべきか。またはこれ以上傷口を広げないために撤退縮小する対策は何か	左記対策を実施した場合の概算数値（売上増減、利益改善、経費増減、件数増減、％増減等）
	〈2〉〈12〉-⑥	利便性を考えて分散していた、○○倉庫事務所と△△の倉庫事務所を本社の隣に統合する…隣の敷地の賃貸または条件がよければ購入		
	〈3〉-④	廃棄費用を抑えるため、解体技術と希土類や非鉄金属の取り出しのノウハウを学習する。取り出した希土類や非鉄金属は販売する		

⑨下請け主体の電気・空調設備業 | 133

Case Study ⑩ スーパーにテナントとして入っている鮮魚店
――具体的な販売対策を立案するためのSWOT分析

《事業者の概要》
業種・業態：鮮魚店
年商：2億3,000万円
店舗数：2店舗
従業員数：12人（パート含む）
SWOT分析の実施日数：2日間
SWOT分析参加者：社長、後継者、各店長、コンサルタント

　この企業でのSWOT分析では、戦略というよりも戦術が中心のクロス分析になりました。というのは、スーパー内のインストア形態であり、SWOT分析の目的が「売り場づくりや、顧客満足向上策はどうすべきか」という対策づくりのため、という経緯があったからです。とくに、店長が大手スーパーの鮮魚担当出身者であったことから、インラインショップの小回りの利く店舗管理が苦手で、粗利率が大きく下がっており、その対策が急務でした。
　したがって、今回のSWOT分析での検討項目は、
・売り場の差別化
・消費者目線での商品開発
・消費者に喜ばれ、売上に直結するサービスの型決め
をメインとすることになりました。

地域の消費者特性を「機会」のタラレバで追究
　まず「強み」では、
　①テナントとして入っているスーパー自体に強い集客力があること
　②地域特性により日曜売上比率が極端に高いこと
　③スーパーが経営しているインラインの鮮魚店よりも魚の鮮度がよいこと
などがあげられました。
　「弱み」であげられたのは、
　①販売データがなく、感覚的に商品や数量を決めていること
　②対面販売ができていないこと
　③必要な時間帯にパートのシフトを組んでないこと
など、主として店長のマネジメントに起因することがほとんどでした。
　「機会」では、地域特性でもあるニューファミリーやヤング層の消費者が多いことから、「手間がかからない魚や惣菜は需要がある」と考えました。また、経験則上、「声

かけ販売」を徹底することで売上増が期待できることから、どういう声かけがよいかもここで議論されました。

さらに、業界全体の問題として、漁価が落ちているために買い付けやすい仕入金額になっていることも「機会」と見ました。

「脅威」としては、業界全体の課題である"消費者の魚離れ"による市場の縮小化がもっとも大きい問題でした。

また、「日曜日は安い」ということがことさら喧伝されており、ウイークデー売上が減少していることや、近々、このスーパーの競合店がオープンする予定であることも大きな脅威として取り上げられました。

クロス分析：販売方法、販促策に特化した積極戦略

積極戦略では、主に販促対策が中心になりました。

「差別化要素のPR手段」「小回りのきく売り場づくり」「調理を前面に押し出したPR作戦」が決定されました。一般の戦略と異なり、かなり細かい戦術面も確定し、「何をすべきか」がすぐわかるレベルまで表現を具体化しました。

「致命傷回避・撤退縮小戦略」では、「対面販売での売上づくりと売れ残り対策」を決定しました。また、ここで対面販売の機会損失にならない対策もある程度細かく確定することができました。戦術面をSWOT分析・クロス分析で決めたので、すぐにアクションプランに入るとともに、毎月モニタリングできるようにしました。

この種の企業のように、自前戦略に大きな制約（スーパーのテナントとして入っている店舗）がある場合は、経営者のニーズを把握したうえで、戦術に特化してもよいでしょう。

これらの経営改善の結果、対面販売での売上が上がり、さらに時間帯別の商品提供に工夫をしたことで、業績の改善がみられました。

★本ケーススタディにおけるSWOT分析のポイント
① テナントとして入っている小売店の場合、自前戦略の制約条件を吟味する
② 積極戦略も致命傷回避戦略もとれない場合は、戦術に特化して具体策を追求
③ 小さな具体策でも、それが喫緊の課題ならクロス分析で検討する

V-⑩ SWOT分析・クロス分析 記入シート

※各「ヒアリングポイントシート」からヒアリングした項目を、各欄に入力する
※4つの窓（TOWS）の入力が終わったら、いったんプリントし参加者に配布する
※プリントする前に空欄を削除して上詰めにして、A3版で配布する
　（レイアウト調整をして、多くても2枚までにする）

「機会」「脅威」の番号が飛んでいるのは、検討中に発生した集約後の空欄を削除したため

	参加者

		強み（S）　…ターゲットと比較して （ターゲットがない場合は一般的な発注者ニーズをベースに）
	①	日曜日の集客が圧倒的に多い
	②	夕方の集客が多く、品揃え次第で売れる
	③	集客が天候に左右されにくい(雨、風でも入りやすい店舗で
	④	19時以降は近隣の他店では刺身がない状態だが、当店でし盛 30％引きだが、他は値引きせずに売っている)
	⑤	店舗が新しく、売り場が広い（多くの商品を並べることがで
	⑥	陳列ケースが大きく、品揃えは工夫次第でいろいろできる
	⑦	若手の家族連れのお客が多く、調理済みの提案は好評である
	⑧	スーパーのインラインよりも"魚屋らしい"。本物、新鮮なも
	⑨	
	⑩	

		機会（O）		組合せ番号（例）〈2〉-⑤	【積極戦略】自社の強みを活かして、さらに伸ばしていく対策。または積極的に投資や人材配置して他社との競合で優位に立つ戦略
外部環境	市場・顧客	〈1〉	若い世代の客が多いので、惣菜や手間のかからない加工品のニーズがある	〈1〉〈3〉-⑦	調理を知りたい客層が多いので、目につくように『調理パネル』（時間帯別調理方法パネルの選択）『録音』などで調理方法やポイントをエンドレスで流す
		〈2〉	低価格商品の品揃えを充実をすれば、客層に合ってくる		
		〈3〉	こちらから調理の声かけをすれば、調理依頼が増える（手間削減の提案は受け入れやすい）	〈4〉-④	品揃えチェック表を作成して17時以降の品揃えを増やす
		〈4〉	惣菜、魚屋の寿司のバリエーションを増やせば、売上増の可能性がある		
		〈5〉	日頃の鮮度のよい魚を提供していれば、イベント時の鉢盛や季節物の鉢盛の依頼が増える	〈2〉-①	来店の多い日曜日に、平日集客のための手配りビラで予告（調理方法、旬の魚などの情報提供をビラに記載して配布）…冷凍魚の○○の日ではなく、生魚で○○の日などのPR
		〈6〉	魚価が下落しているので、買いやすい金額になっている		
		〈7〉		〈2〉-①	日曜日の集客が多いときに、刺身、寿司、おかずモノのみだったが、「地物コーナー（自信がある演出）」として天然モノ1本や天然モノの刺身を陳列、その分おかずモノを減らす（4名総力での対面販売だが、パネルで見える説明をする）
		〈8〉			
	競合	〈9〉	インラインのスーパー直営店が低価格が中心なので、「本物」をリーズナブルに提供できれば差別化できる	〈5〉-⑥	冷凍ではない生魚での惣菜のアピール…①POP、②シール、③パネル、④対面販売時の声かけ
		〈10〉			

		脅威（T）		左記の状態で、今のまま具体的な手を打たない場合、どれくらマイナスになるか概算数値や％を書く	組合せ番号（例）〈2〉-⑤	【差別化戦略】自社の強みを活かして、脅威をチャンスに変えるには何をどうすべきか
外部環境	市場・顧客	〈1〉	魚を食べる若手世代が激減し、肉に比べて市場が大きく縮減している			
		〈2〉	若い世代の客が多いので、安い魚しか売れない			
		〈3〉	スーパーの来店客数が減少している（近くの食品工場の非正規社員の買い物頻度が減った）			
		〈4〉	不景気を反映し売れ筋の単価が下がっている（高額品が売れなくなっている）			
		〈5〉	平日と日曜売上が極端に違う（日曜売上が平日の2～3倍）。日曜が安いというイメージができ上がり、平日が売れない			
		〈6〉				
	競合	〈9〉	クルマで20分くらいの○○地区に、Hスーパーと大型SCがオープン予定			
		〈10〉	惣菜、魚屋の寿司がインラインのスーパーと同じような傾向で競合している（スーパーも売上欲しさに同じゾーンを陳列している）			
		〈11〉				
	供給先	〈12〉	スーパーのテナントの「安全」「安心」の検査の実施による負担増			
	流通	〈18〉	スーパーの方針で日曜日の低価格から抜け出せない。日曜安売り、時間帯安売り目当ての客が多い			
		〈19〉				

136　V　新たな戦略が生まれた16業種SWOT分析の実例

会社名（㈱○○鮮魚店）

	内部要因			
			弱み（W）…ターゲットと比較して （ターゲットがない場合は一般的な発注者ニーズをベースに）	
		①	日曜以外の集客が少ない	
ある）		②	店として新しいので認知度が低い	
は品揃えしている（19時以降は刺		③	対面販売結果、時間帯別データ、商品販売データをとってないので、データを活かした対策を出せていない	
		④	対面販売を積極的にできていない	
きる）		⑤	店長による販売スタッフへの対面販売の指導ができていない	
		⑥	客が込んでいる時間帯にパート配置ができていない	
		⑦	刺身（34%）と寿司（26%）の構成比が高すぎる（バランスがとれない）…対面販売ができていない証拠	
のを仕入れている		⑧	値引きは少ないが、刺身は特に初期の値入が低い	
		⑨	対面販売で若い客層に声をかけていない。若い客層のニーズを取り込めていない（40・50代に声かけしてはいたが、圧倒的多数の30代に声をかけていない）	
		⑩	パートさんへ「見える」ように説明するなど、教育ができていない（データを見せたり、お客様の声を直接聞かせないとわかってもらえない）	
左記対策を実施した場合の概算数値（売上増減、利益改善、経費増減、件数増減、％増減等）	組合せ番号（例〈2〉-⑤）	【改善戦略】自社の弱みを克服して、事業機会やチャンスの波に乗るには何をどうすべきか		左記対策を実施した場合の概算数値（売上増減、利益改善、経費増減、件数増減、％増減等）
	〈5〉-④	多くの過去の顧客にこちらからPRするためのリスト作成（顧客リストの作成）…高齢者へDMを出して、強化商品を訴求する		
左記対策を実施した場合の概算数値（売上増減、利益改善、経費増減、件数増減、％増減等）	組合せ番号（例〈2〉-⑤）	【致命傷回避・撤退縮小戦略】自社の弱みが致命傷にならないようにするにはどうすべきか。またはこれ以上傷口を広げないために撤退縮小する対策は何か		左記対策を実施した場合の概算数値（売上増減、利益改善、経費増減、件数増減、％増減等）
	〈8〉-④	魚惣菜のマニュアル化…①『売り場コーナーの定置化（販促物含む）』②『売りたい惣菜のための仕入（南蛮漬けのサバ仕入。月曜日に仕入れた商品を水曜日に売り切るための企画）		
	〈8〉-④	魚惣菜を強化するために、作業体制、シフト等の変更とスタッフ教育…①ムダな時間の排除と効率化　②ピーク時間に対面販売ができる体制　③データによる商品提供体制		
	〈8〉-④	対面販売の強化…①即食（刺身）でそろえる　②17時以降に個食の刺身を値引せずの提供　③17時以降の対面販売は男性スタッフになるので服装の清潔感維持		
	〈8〉-④	調理方法のPOPまたはパネル作成で、お客様に「見える」ようにする。お客様に気兼ねさせずに調理依頼できるようにする。 例：ブロックにシールで「刺身できます」「朝じめ」「朝捕れ」を貼る		

⑩スーパーにテナントとして入っている鮮魚店

Case Study ⑪ 総合老人福祉事業を展開する社会福祉法人
——差別化対策と新収益源を目指したSWOT分析

《事業者の概要》
業種・業態：特別養護老人ホーム
従業員数：100人（パート・アルバイト含む）
SWOT分析の実施日数：2日間
SWOT分析参加者：理事長、施設長、介護責任者、コンサルタント

　K介護施設は特別養護老人ホームであり、社会福祉法人が経営を行っています。K介護施設では、介護報酬が毎回改訂されるのにあわせて、経営計画書を作成しています。今回は、この経営計画書をベースに、昨今の介護事業を取り巻く経営環境の変化を考えて、改めて中期ビジョン作成のためのSWOT分析を行いました。

　参加者は理事長、施設長、その他部門長クラスで行われ、分析シートの作成は事前宿題の説明も含めて、延べ6時間にわたって議論されました。

　介護施設は一般企業と異なり、さまざまな制約条件があるので、事業拡大策も限られることになります。近隣に同様の施設もあり、差別化による「選ばれる介護施設」になる必要があり、同時に、職員スタッフの確保と安定化も大きな鍵になっていました。幸い、K介護施設の職員定着率はよく、余裕のある財務内容により積極的な昇給政策もとっていることから、職員のモチベーションも高く、利用者や外部機関からの評価も高いものがありました。

　そのポイントの1つに「顧客満足度アップ」があります。理事長が「企業的経営ノウハウ」を施設経営に導入することを以前から標榜し、実際に会議では「利用者様」ではなく「お客様」と呼称するほどでした。したがって、企業の戦略分析ツールとしての「SWOT分析」にも理解がありました。

今後の介護ニーズから多面的に「機会」を分析

　まず、「4つの窓」を事前宿題にし、検討会はその発表から始まりました。

　業界の「機会」としては、「介護保険以外のサービスの拡充」「デイケアに取られている利用者をリハビリ機能をもったデイサービスで囲い込み」「看護師を増強すれば取れる加算やサービスアップ」「高機能介護機器が増える」「在宅介護ニーズの高まり」などがあげられました。

　「脅威」と「機会」については、多少の地域差はあっても、多くの特養で似たようなものになると思われますが、この施設でも特有の「脅威」や「機会」はあまり出ませんでした。

　内部要因である「弱み」も、特養全般に似たような結果になりがちです。たとえば、

医療法人に併設されている老健施設と比べて、ドクターとの関係が脆弱なのは当然のことですが、実際の入所稼働率を見ると、利用者の費用負担や入所期間のプラス面も影響して、特養は老健よりも待機待ちが多いのが実状です。

「強み」は、他の施設に比べて具体的な積極経営ができる資金力と人材力があるということが一番でしょう。先ほど述べたように、職員のモチベーションが比較的高いので、企業経営的な要素をいろいろ要求しても受け入れられる風土があります。

「弱み」では、介護スタッフの高齢化が業界の共通課題としてあります。この施設では、まだ新卒の定期採用と若手の離職が少ないため、他の施設よりは平均年齢は低いものの、平均年齢は確実に上がってきています。多くの介護施設は、公的措置の時代から長らく準公務員のような処遇できたために、人事・待遇面での改革にはすぐ抵抗する人が多いようです。しかし、この施設では、歴史が浅いことが逆にプラスになっていました。

クロス分析：新収益源の創出と人材確保がメイン

クロス分析では、介護施設は新規事業展開以外には、そう戦略的な要素はないかもしれません。この施設での具体策もサービス力アップの対策が多く、ある意味、それで十分だということかもしれません。新たな施設展開をしようにも敷地に余裕がないことから、新たな不動産投資はしにくい状況にありました。

「積極戦略」では、「ヘルパー確保に向けた養成講座」や「独居老人への食事サービス」「奥さんが入所した場合、ご主人にボランティアでケアの協力」をもらうなどの具体策があがりました。

「致命傷回避・撤退縮小戦略」では、人材確保が最優先課題であることから、「実習生フォローから新卒確保」や「ヘルパーを確保できないなら縮小」という判断になりました。

介護施設では2年に1回の報酬改定に合わせて今後の戦略を議論することになるので、今回のSWOT分析は、次の中期ビジョンづくりの際のベースにつながりました。また、即できることは単年度計画に入れて実行しました。

★本ケーススタディにおけるSWOT分析のポイント
① 規制外の対策やニーズを多面的に議論
② 他施設への差別化として、サービス機能の拡充を意思決定
③ 強みを全面に、地域知名度アップの間接営業対策

---

⑪総合老人福祉事業を展開する社会福祉法人

V-⑪ SWOT分析・クロス分析 記入シート

※各「ヒアリングポイントシート」からヒアリングした項目を、各欄に入力する
※4つの窓（TOWS）の入力が終わったら、いったんプリントし参加者に配布する
※プリントする前に空欄を削除して上詰めにして、A3版で配布する
　（レイアウト調整をして、多くても2枚までにする）

「機会」「脅威」の番号が飛んでいるのは、検討中に発生した集約後の空欄を削除したため

	参加者	

	強み（S）…ターゲットと比較して（ターゲットがない場合は一般的な発注者ニーズをベースに）	
①	入所、通所サービス、訪問介護、居宅、グループホーム、行っている	
②	対外的に介護関連のさまざまな機能をもっているのはイメージ	
③	通所サービスは「選べるサービス」でありさまざまなメニュー	
④	自社厨房施設を持っている。また地域の他施設に比べ味がよ	
⑤	ヘルパー養成研修の取り組みなど、スタッフによって講習が	
⑥	同業者の特養に比べて個室があるで、予算のある個室利用者格になっている	
⑦	この地域では正職員に占める介護福祉士比率が50％と高い	
⑧	新しくキレイな施設である（築年数が新しい）。新規事業や施	
⑨	ケアマネから評価が高い（職員が優しい、困難事例を受け	
⑩	職員の定着率が高い（退職者でも他の特養に転職する職員	

外部環境

機会（O）

			組合せ番号（例）〈2〉-⑤	【積極戦略】自社の強みを活かして、さらに伸ばしていく対策。または積極的に投資や人材配置して他社との競合で優位に立つ戦略
市場・顧客	〈1〉	介護保険以外での老人サービスは今後展開が可能（低所得者向け高齢者住宅、グループリビング、在宅…独居対策）	〈1〉-③④⑨	配偶者が入所したため独居となった方への面会時食事の準備（栄養バランスを補う）
	〈2〉	介護支援機器、ロボット、高機能ベッド等の普及が進む		
	〈3〉	サービスケア付き高齢者住宅のニーズが高まる	〈1〉-③⑨	配偶者が入所したため独居となった方へデイサービスの利用、デイの送迎を利用して入所している配偶者の面会をしてもらう
	〈4〉	在宅介護が増えるので、訪問介護、訪問看護ニーズが高まる…医師確保ができれば、クリニック開業の可能性あり		
	〈5〉	看護師を増強すれば、看取り加算やグループ内での多角的な活用度が高まり、サービス強化と収入増が図れる	〈5〉-①⑨	さらにパート看護師（時間帯別）を増やして、経管栄養者（介護度5）のニーズに対応すれば、収入増につながる
	〈6〉	リハビリ機能を持ったデイサービスはますます差別化できる（リハビリスタッフの給与相場が以前より下がっている）		
	〈7〉	認知症ケアのIT活用や先進的な取り組みがあれば、PR効果がある	〈12〉-⑤	ヘルパー養成研修の定期開催で、そのなかからヘルパーとして採用する
	〈8〉	入所利用者や通所利用者は食事のレベルを上げれば（味、見た目、特別食等）、興味を示す		
競合	〈9〉	他のデイサービスとレクやサービス、リハビリ機能を強化した差別化を図れば、他地域での拠点展開が可能	〈9〉-③	少し痴呆が進んだ在宅老人に、保険外の「脳トレ訓練」等の予防サービス事業。パッケージ化されているのでそれを活用し、予防介護と予備軍の囲い込みを行う
	〈10〉			
	〈11〉			
供給先	〈12〉	ヘルパーの確保と育成ノウハウの確立ができれば、訪問介護分野では、障害者ヘルパーも含めて伸びる余地がある	〈8〉-④	地域老人会を招待した試食会、ケアマネを招待した試食会を開催し、自施設の食事のレベルを理解してもらう
経済政治他社会環境	〈13〉	報酬面では今後、予防介護の単価アップの可能性があり、自立型介護サービスの報酬がよくなる可能性がある		
	〈14〉			

脅威（T）

			左記の状態で、今のまま具体的な手を打たない場合、どれくらいマイナスになるか概算数値や%を書く	組合せ番号（例）〈2〉-⑤	【差別化戦略】自社の強みを活かして、脅威をチャンスに変えるには何をどうすべきか
市場・顧客	〈1〉	急速な高齢化で、介護保険ではまかなえなくなり、自己負担率が上昇する…利用したくても利用できない高齢者が増える			
	〈2〉	介護職の過重労働と低給与がマスコミ等で喧伝され、入職希望者が減る			
	〈3〉	利用者が高齢でその家族（子）も高齢であるため理解力が乏しくなっている			
	〈4〉				
競合	〈9〉	有料老人ホームの参入業者が増え、介護士の争奪戦になる（特養と利用者争奪にはなりにくいが、少ない介護士がさらに厳しくなる）			
	〈10〉	処遇改善給付金が終了しても、賃金を下げられないので、全体的な賃金上昇が危ぶまれる			
	〈11〉				
供給先	〈12〉	介護ヘルパーの不足が顕著になり、ハコモノでの介護事業は限界			
	〈13〉	高齢者はますます増えて、若手の介護従事者が減少する			
	〈14〉	特養の平均介護度が上がり、重篤化すれば、介護士の負担が増えモチベーション維持が難しくなる			
経済政治他社会環境	〈17〉	政府の財政悪化による介護報酬のしわ寄せの可能性がある			
	〈18〉				

会社名（社会福祉法人○○会）

内部要因		弱み（W）… ターゲットと比較して（ターゲットがない場合は一般的な発注者ニーズをベースに）	
小規模多機能などの介護全般サービスを	①	医療とつながりが弱い（看護体制や医師の対応スピードが遅い）	
がよい（総合福祉に貢献）	②	新たな事業をしたくても敷地の余裕はない	
に対応（パワーリハ、レク、園芸、制作等）	③	職員の平均年齢が高い（40歳以上が30%）	
いと評価を受けている	④	医師が高齢であるため糖尿病（インスリン摂取）の待機者を受け入れることができない	
できる	⑤		
ニーズに対応できる。個室としては低価	⑥	特養とデイの介護士の業務支援体制ができていない	
	⑦	PCやWeb、タブレット、スマホなどITに明るい人材が少ない	
設展開の資金は十分余裕がある	⑧	看護師の絶対数が少ない	
入れる）	⑨	リハビリ機能が老健等と比較して出遅れている	
はいない）	⑩		

左記対策を実施した場合の概算数値（売上増減、利益改善、経費増減、件数増減、%増減等）	組合せ番号（例〈2〉-⑤）	【改善戦略】自社の弱みを克服して、事業機会やチャンスの波に乗るには何をどうすべきか	左記対策を実施した場合の概算数値（売上増減、利益改善、経費増減、件数増減、%増減等）
	〈1〉-②	「高齢者住宅」ができれば、自立から要介護状態、死亡までのルートができ、高齢者世帯独居老人世帯が増加する中、遠方にいる家族に安心を提供できる…不動産の探索	
	〈5〉-⑧	看取り介護を積極的に行えるため増収が見込まれる。積極採用を図る	
	〈1〉-②	不動産次第で、保険外で低所得者向け高齢者住宅、グループリビングの調査、建設、運営…賃貸だけでの収益でなく、今ある社会資源の有効活用で全体収入を上げる	
	〈6〉-⑨	リハビリスタッフの採用と育成（リハビリ機能をデイと入所で活用）	
	〈7〉-⑦	タブレット端末を使った認知症ケアの療法を活用する（ソフトも販売されており、リースのあるもの）	

左記対策を実施した場合の概算数値（売上増減、利益改善、経費増減、件数増減、%増減等）	組合せ番号（例〈2〉-⑤）	【致命傷回避・撤退縮小戦略】自社の弱みが致命傷にならないようにするにはどうすべきか。またはこれ以上傷口を広げないために撤退縮小する対策は何か	左記対策を実施した場合の概算数値（売上増減、利益改善、経費増減、件数増減、%増減等）
	〈2〉	実習生へのフォローを徹底して、施設に好印象を持ってもらい、新卒入職を促進する	
	〈12〉	ヘルパーの報酬が変わらず、ヘルパーが確保できなければ縮小も視野に入れる	
	〈3〉-⑦	高齢者に理解させやすいような説明ツールやカタログ、「見えるツール」の開発	

⑪総合老人福祉事業を展開する社会福祉法人

Case Study ⑫ 昔ながらの地域小規模スポーツショップ
——特定カテゴリーのスポーツでの可能性を追求

《事業者の概要》
業種・業態：運動具店
年商：7,000万円
店舗数：1店舗
従業員数：3人（パート含む）
SWOT分析の実施日数：1日
SWOT分析参加者：社長、コンサルタント

　昔からあった地域のスポーツショップは、全国展開の大型店チェーン店の進出で、苦戦を強いられています。全国展開する大型チェーンの圧倒的な品揃えと、価格戦略の影響で、地域のスポーツショップは店舗数が毎年減少し続けています。

　Lスポーツショップも、地元に大型店が連続して進出してきて以来、一般客は減少の一途をたどり、学校関係の固定客でなんとか食いつないでいるという状態でした。しかし、その学校関係の売上も、少子化の影響と、野球やバレー、サッカーなどの団体競技のクラブ活動の減少で、昔ほどではなくなっています。

　SWOT分析は、このような厳しい状況を考慮し、
　①どこにターゲットを絞った営業展開を行うか
　②大型店と差別化できる要素は何か
　③利益の取れる商品・サービス
を目的として行われました。

ハード（用品）からソフト（サービス）へと差別化

　まず「機会」では、Lスポーツショップのユーザーは、新規の商品購入より「リペア需要」や「特定競技に絞った品揃え」、すなわち「狭く、深く」の戦略を期待しています。そこに可能性があると判断しました。今後、高齢者に優しいスポーツ人口は増加傾向が見込めるので、そこに焦点を当てた品揃えや企画をすれば可能性が広がると判断しました。

　また、大型店に流れているラケットスポーツのクラブチームも、利便性の高い修理で取り込めば自店舗へ回帰させることができると考えました。

　さらに、店舗内の品揃えは特定競技に絞るものの、「総合ショップ的カタログ」を充実させていけば、学校まわりや、特定クラブにも販売が可能だと判断しました。

クロス分析：「強み」から出てきた要素を商品化

「積極戦略」では、ショップに「特定スポーツの全国大会レベルのスタッフ」がいることから、ユーザーからの信頼が厚いことがわかり、「練習メニューやDVD」等のサービスパックを作成し、クラブチーム開拓に乗り出し、新たな収益源を生み出すことを決定しました。

具体的には、全国レベルのスタッフがいることを全面的にPRし、初心者やレベルアップを目指す選手は何を求めているかを議論しました。すると、道具の知識よりも「練習の知識の問い合わせが多い」ことがわかり、そこで、練習メニューや練習シーンを撮影し、コメント入りのDVDを作成することにしました。

DVDは一度配布してしまえばそれっきりになるので、配布は「会員限定無料進呈」にし、会員になれば、修理や練習アドバイスが割引で受け入れられるようにしました。これによって、会員との継続的関係を構築していくことにしたわけです。

従来型の地域スポーツ店は、顧客情報があまりに少なく、会員組織も作っていないために、ユーザーのファン化が進んでいません。そこで「積極戦略」として、会員組織づくりを決定したのでした。また、型番遅れのラケットを地域の体育協会に寄贈し、高齢者のスポーツ振興に役立ててもらい、高齢者に来店してもらえるような仕掛けづくりを行いました。

「致命傷回避戦略」では、営業マンが少ないために営業政策面での効率が求められていることから、昔のような売上の少ない遠隔地への学校まわりは、訪問からFAXへ切り替えました。このことによって売上が落ちてもかまわないと判断しました。

Lスポーツショップのような専門小売店では、大型店と差別化する戦略が絶対に必要です。したがって、SWOT分析では、「強み」と「この地域での可能性（機会）」を徹底して深掘りしなければなりません。

SWOT分析後、店舗売上は大きく変わりませんが、修理や簡易カタログ提供、高齢者へのPRが奏功し、来店者が増加しました。

★本ケーススタディにおけるSWOT分析のポイント
① 大手の隙間のサービスを追求
② 知識が多く大会経験者という「強み」をソフト（サービス）として商品化
③ 店舗売上対策ではなく、来店需要を上げる対策に重点化

Ⅴ-⑫ SWOT分析・クロス分析　記入シート

※各「ヒアリングポイントシート」からヒアリングした項目を、各欄に入力する
※4つの窓（TOWS）の入力が終わったら、いったんプリントし参加者に配布する
※プリントする前に空欄を削除して上詰めにして、A3版で配布する
　（レイアウト調整をして、多くても2枚までにする）

	参加者	

「機会」「脅威」の番号が飛んでいるのは、検討中に発生した集約後の空欄を削除したため

強み（S）　…ターゲットと比較して（ターゲットがない場合は一般的な発注者ニーズをベースに）	
①	ラケットスポーツ重点に顧客を訪問して、直接注文を取って
②	張替えや修理を集配することで、クラブチームのニーズに
③	クラブごとにポイントカードを配布している（固定客）……
④	日本ラケットストア協会に加盟しており、アウトレット商品も
⑤	大会やイベントでは、出店する枠がとりやすい
⑥	学校関係では、歴代のクラブのOBにも顔見知りが多い
⑦	在庫がなくても、3日以内にどんな商品でも取り揃えられる
⑧	商品紹介、大会やイベント紹介もできるホームページがある
⑨	自社主催のラケット大会を開催している……冠スポンサー
⑩	ラケットスポーツでは全国大会レベルのスタッフがいる

			機会（O）		組合せ番号（例）〈2〉-⑤	【積極戦略】自社の強みを活かして、さらに伸ばしていく対策。または積極的に投資や人材配置して他社との競合で優位に立つ戦略
外部環境	市場・顧客	〈1〉	今後の小規模スポーツショップは、中途半端な品揃えではなく、専門性に特化した品揃えであれば、顧客が遠隔地からも集まる可能性が高い		〈1〉〈2〉-⑩	全国大会に出たスタッフがいるので、シニアや市民プレーヤー向けのラケットスポーツ教室を開催すれば、新規客の確保につながる
		〈2〉	この地域はラケットスポーツ競技人口が多い（ジュニアチームが多い）			
		〈3〉	高齢者も参加しやすい簡易なラケットスポーツが普及している……高齢者の大会が徐々に増えていく（高齢者需要を取り込める）		〈2〉〈5〉-⑨	ラケットスポーツ大会の主催をネットでPRして、会員や既存客のアクセスアップを図る
		〈4〉	大規模スポーツショップ出店の影響で、潰れた地元スポーツ店のラケットスポーツの顧客が大手ショップに流れているが、それを取り込めば客数が増える			
		〈5〉	Webでラケットスポーツのクラブチームの紹介ができれば、顧客リピートが増える		〈7〉〈12〉-⑦	ラケットスポーツ以外の商品カタログの開発と設置（大会の景品、ジュニアの景品、船乗り用グッズ）……ＦＡＸでの注文と営業展開
		〈6〉	単なる物品販売から修理リペア、情報提供や練習メニュー等の専門知識の提供ができるショップは大手の影響を受けない			
		〈7〉	Webで小物を購入するお客ますます増える		〈1〉〈5〉-①	会員制度を構築する（携帯アドレスで商品情報、大会情報、会員価格情報、ポイントカード等）
		〈8〉				
	競合	〈9〉	クラブチームのなかで、修理を量販店に持ちこんでいるお客を自社に取り込めば、客数増になる（クラブチームのシェアを上げられる）		〈1〉〈5〉-⑩	会員には練習メニューの開発とDVD化した試供品を無料で配布し、「レベル別練習方法クリニック」を無料で行う……顧客囲い込み対策として
		〈10〉				
		〈11〉			〈3〉-①⑦	市町村単位の体育協会に型遅れラケット（ネットや顧客から回収）を寄贈して、体協支援の協力をもらう……高齢者や中高年への認知度アップに活用
	供給先	〈12〉	カタログ等でラケットスポーツ以外の商品サービスのPRをすれば、別途売上の可能性がある			
		〈13〉				
		〈14〉				

			脅威（T）	左記の状態で、今のまま具体的な手を打たない場合、どれくらいマイナスになるか概算数値や％を書く	組合せ番号（例）〈2〉-⑤	【差別化戦略】自社の強みを活かして、脅威をチャンスに変えるには何をどうすべきか
	市場・顧客	〈1〉	以前のように学校訪問や学校のクラブでの売上は上がらない（学校単位から個人単位に変わりつつある）			
		〈2〉	小物商品をネットで購入する客が増えている（手間がかからず、値段も安い）…もっとネット購入が増える			
		〈3〉	ネット上で価格比較されて、値引きの要因になる			
		〈4〉	少子化の影響で子どものスポーツ人口が減っていく			
		〈5〉	昔からの人間関係で購入する頻度が減っている（値段や品揃えだけのドライな関係を好む人が増えている）			
		〈6〉	高齢者や主婦層でのニーズは廉価品であり、高価商品は売れない			
		〈7〉				
		〈8〉				
	競合	〈9〉	大手スポーツ量販店が近くに出店して、消費者のイメージは「安い」という印象を持っている……相対的に高いと思われ、値引きしないと売れない			
		〈10〉	中途半端な在庫では大手に勝てない			
		〈11〉				

会社名（有）○○スポーツ

		内部要因		
		弱み（W）…ターゲットと比較して （ターゲットがない場合は一般的な発注者ニーズをベースに）		
きている	①	ガット張替えは利幅はあるが、大手に取られている（大手は持ち込みだから安い）……集配だから高くなる		
応えている	②	営業担当のスキル不足、納品遅れ、連絡漏れ、フォローができておらず基本動作ができてない		
100チーム	③	ホームページはあるが、物販機能はなく、また本格的な対策を行っていない		
入手できる（シューズが多い）	④	大会やイベントに出店しても、PRが不足しており、せっかく知り合った新規客にもアフターケアを何もしていない		
	⑤	いろいろやりたいことが多いが、できるスタッフがおらず、何でも社長の負担になり、対応できない		
	⑥	大規模スポーツショップでもラケットやユニフォームがあり、価格面では太刀打ちできない		
	⑦			
	⑧			
である	⑨			
	⑩			
左記対策を実施した場合の概算数値（売上増減、利益改善、経費増減、件数増減、％増減等）	組合せ番号 （例〈②〉-⑤）	【改善戦略】自社の弱みを克服して、事業機会やチャンスの波に乗るには何をどうすべきか	左記対策を実施した場合の概算数値（売上増減、利益改善、経費増減、件数増減、％増減等）	
	〈③〉-⑥	高齢者の新たな（体力負担の少ない）スポーツとして認知度が高まれば、高齢者用の廉価品とシューズの提供ができる……高齢者総合ラケットスポーツセットのPR(ラケット、シューズ、ウエア)……ネットで全国販売可能		
	〈③〉	ブランドにこだわりがない人に価格が安めなもの、売れ残っているものを奨めてみる。アウトレットセールの開催		
	④	イベントで購入した新規客にDVDとラケットを無料で贈呈し、顧客データを書いてもらう（年会費無料をアピール）		
左記対策を実施した場合の概算数値（売上増減、利益改善、経費増減、件数増減、％増減等）	組合せ番号 （例〈②〉-⑤）	【致命傷回避・撤退縮小戦略】自社の弱みが致命傷にならないようにするにはどうすべきか。またはこれ以上傷口を広げないために撤退縮小する対策は何か	左記対策を実施した場合の概算数値（売上増減、利益改善、経費増減、件数増減、％増減等）	
	②	営業2名の教育(社長と営業同行して、現場で指導する)		
	②	遠隔地（A地域、B地域）の学校訪問を取りやめ、ネットとFAX販売に切り替える……営業効率アップ		

⑫昔ながらの地域小規模スポーツショップ

Case Study ⑬ 卸部門と直営小売店を経営する青果店
―攻めの経営とリストラを同時実現したSWOT分析

《事業者の概要》
業種・業態：青果店
年商：5億円
店舗数：3店舗
従業員数：25人（パート含む）
SWOT分析の実施日数：2日間
SWOT分析参加者：経営者、役員、卸営業、小売店店長の総勢8名

　卸業が直営店をもつことは、本来はライバルとなる量販店への取引にも影響が出ることから、地方の中小企業では難しいことですが、M社は、先に小売店を長年経営した後に、ある卸業の企業を引き継ぎ、結果的に複合体になったケースです。
　この業態は、時代の変化のなかで、生産者→地方青果市場→仲卸→小売（量販店）という従前の取引形態が崩れつつあり、とくに道の駅などの直売所でのシェアが高まりつつあります。また、量販店においても、スーパーの勢力図が変化し、ディスカウントストアがシェアを伸ばしています。
　卸・小売両業態とも「安い青果を安定的に確保」することが主要課題になりますが、より詳細な現状分析と戦略構築が必要になったことから、SWOT分析は、①売上アップ対策の立案、②中期経営ビジョンの戦略づくり、③後継者と幹部の意識改革、を目的としました。

自社の「強み」を顧客ニーズにどうマッチングさせるかを深掘り
　「機会」では、「生産者の直取引が今後も伸びる」「スーパーはタイムリーでスピーディな対応があれば、同業者よりシェアが上がる可能性がある」「高級果物や希少性のある青果は、ネットによる販売が期待できる」「地方市場の仲卸が業績不振で倒産撤退するので、財務力があればM&Aでシェアが伸ばせる可能性がある」「スーパー以外の流通チャネル（ドラッグストア、ディスカントストア、ホームセンター、直売所、道の駅、農家直売）が増えるので、その仲介機能をもてばチャンスが拡がる」等があげられました。
　ネット販売ではそこそこ結果を出していたので、それは今後も拡大するだろうという判断のほか、今後、スーパー以外の販売先が台頭してくることが予想されるので、いかにその業態への仲介機能をもつかが重要な仕掛けであると考えました。また、仲卸の倒産廃業の情報が徐々に増えているので、これは「チャンス」と判断しました。
　「強み」では、「ネット販売では、すでにある程度の売上があり、先行している」「地

方市場でのバイイングパワーがある」「青果の一次加工品の商材をもっている」「販売力のある小売店をもっている」「銀行からの信用があり、資金面での心配がない」などがあがりました。

クロス分析：卸、小売、ネット販売の個別対策を検討

「積極戦略」では、「携帯メールを使った市場情報のいち早い提供サービスシステムの確立」「果物だけでなく、ネット販売の取り扱い商材の拡大」「小売店では、野菜の調理レシピの設置や花商材の拡大」などが具体策として提案されました。

他の同業仲卸よりも一歩抜きん出るには、情報提供の速さが必須という認識から、バイヤーや店舗の売り場担当者の携帯電話のメルアド取得を急ぎ、活用するようにしました。最初は営業担当がそれぞれ行い、毎月の営業会議で「いつ、誰に、どんな情報を、どう送ったか、そしてどんな反響があったか」を確認するようにしました。その結果、一部の店舗担当者からかなり重宝がられたと言います。

ネット販売では、高級果物だけでなく、野菜の組み合わせセットや地域特産の商品バリエーションを増やすことで売上倍増計画を立てました。

小売店では、スーパーでもやっているような野菜調理レシピを設置することが決まり、さらに野菜と一緒に生花を買うお客様が多いので、花の商品拡充も図ることにしました。

「致命傷回避・撤退縮小戦略」では、「市場に出していない生産者とのパイプづくりによる商品の安定供給」が喫緊の課題となりました。小売部門では、立地が悪く、今後、改善対策を講じてもよくなる見込みがないという店舗の閉鎖を決定しました。これはその後、二転三転しましたが、最終的には閉鎖されることになりました。

「改善戦略」では、今から仕込む戦略として、「ドラッグストア、ホームセンターの駐車場でのテント販売の仕掛け」「ネット販売をさらに伸ばすため、SEO業者との契約」「県外卸とのネットワークや新たに買いつけできる市場の開拓」などがあがり、中期経営ビジョンとして決定しました。

これらの戦略や対策を実施した結果、実際に県外の卸市場の資格も取得し、商品の欠品リスクやバリエーション、時期ズレ対策にも対応できるようになりました。

★本ケーススタディにおけるSWOT分析のポイント
① 卸、小売、ネット販売の多角化経営について、それぞれでSWOT分析を実施
② 各部門の相乗効果があれば検討するが、ない場合は独立して検討
③ 昔ながらの業界で機会や可能性を見つけるには、「タラレバ」で議論する

V-⑬ SWOT分析・クロス分析 記入シート

※各「ヒアリングポイントシート」からヒアリングした項目を、各欄に入力する
※4つの窓（TOWS）の入力が終わったら、いったんプリントし参加者に配布する
※プリントする前に空欄を削除して上詰めにして、A3版で配布する
　（レイアウト調整をして、多くても2枚までにする）

「機会」「脅威」の番号が飛んでいるのは、検討中に発生した集約後の空欄を削除したため

参加者

	強み（S）…ターゲットと比較して （ターゲットがない場合は一般的な発注者ニーズをベースに）
①	インターネット販売に強い（3年前に開始して売上が伸びている）
②	加工品（千切り・漬物）の売上が伸びている（自社加工も伸び
③	青果の小売部門ではアイテムが多く、地域ではトップクラスの
④	市場での信用が厚く、仕入価格も低くすることができる
⑤	従業員どうしのコミュニケーションがうまくとれており、ルート
⑥	「あそこは安い！」というイメージが顧客に定着している
⑦	従業員の定着率が高く、顧客が名前を覚えてくれている
⑧	明確な後継者がいる
⑨	金融機関から信用があり、資金繰りは当面問題ない。ある
⑩	ネットでの顧客は全体の60％で、消費者数で300人いる。

			機会（O）	組合せ番号（例）〈2〉-⑤	【積極戦略】自社の強みを活かして、さらに伸ばしていく対策。または積極的に投資や人材配置して他社との競合で優位に立つ戦略
外部環境	市場・顧客	〈1〉	生産者と直接取引できれば価格競争にも対応できる	〈6〉-⑤ ⑦	携帯メールを使ったスーパー・業務店への情報提供（タイムリーな仕入情報の提供）
		〈2〉	インターネット販売が普及し特産品はネットで売れる。メールで定期的に情報提供すれば、（卸先の）業務店や新規先にもサービスになる（メールでの情報提供が普及している）		
		〈3〉	内食増加によるお取り寄せの増加（ネット販売の普及）	〈4〉-③ ⑤	小売店（A）において、野菜料理のレシピや試食販売の実施……変化と期待を持たせる
		〈4〉	高齢者向けに、小売店からの配送ニーズが高まる（特にA店は小口中心なので少量多品種が可能）		
	競合	〈5〉	中卸が業績不振で撤退する企業が増えている。撤退する企業を買収すれば、その顧客を取り込めるメリットがある	〈4〉-③ ⑤	A店、B店も花販売の量を増やす（立体的な置き方と備品で品揃え確保）……仏壇、墓参系の生花
		〈6〉	スーパーバイヤーはタイムリーでスピーディに対応する卸を求めており、そのニーズに少しでも対応できれば、地元同業者との競争に勝てる		
		〈7〉			
	供給先	〈8〉	地方市場だけでなく、県外市場との取引があれば、量の確保が可能になり、大手小売店へ特販がかけられる	〈2〉-① ⑩	ネットでの取扱商品の拡大して、手数料を増やす（果物以外では、海産物、チョウザメ、ハム）。SEOとPPCをもっと増やす。既存のネット客に定期的にメールを送ることで、県産品等を販売する
	流通	〈9〉	ドラッグストア、ホームセンター、ディスカウントストア等が生産者に呼びかけ、青果を取り扱うようになるので（生産者が直接小売に出す）、ノウハウを提供すればビジネスになる		
		〈10〉	スーパー以外の流通チャネルがいろいろ生まれている（道の駅、農家直営、JA直売等）		
			脅威（T）	左記の状態で、今のまま具体的な手を打たない場合、どれくらマイナスになるか概算数値や％を書く	組合せ番号（例）〈2〉-⑤	【差別化戦略】自社の強みを活かして、脅威をチャンスに変えるには何をどうすべきか
	市場・顧客	〈1〉	農協の直売所（市場間ではなく生産者直接取引する）が今年中に出店（春先）し、A店の売上ダウンの可能性がある。農協は生産者直結により低価格で仕掛けてくる		〈1〉〈6〉-④	地元の生産者と市場が一緒になって、生産者との仕入れパイプを構築する（市場の担当者と当社員が同行して交渉する）…市場に出してない生産者と計画生産の契約（キャパがあるのに作付けが少ない農家）
		〈2〉	市場外仕入（生産者直接仕入）のルートが増加してきている。中卸を通さず、小売店が生産者から直接仕入れる（中抜現象）			
		〈3〉	市場外仕入増による価格競争の激化			
		〈4〉	ブームに乗った高級果物の売上や単価が長続きしない可能性がある			
		〈5〉	シャッター商店街と化したA店の客数が大幅減少			
	競合	〈6〉	生産者に後継者がいないため定期的な市場への納品ができず、価格や数量が安定しない。地元の生産者が減ってくる可能性がある			
		〈7〉	市場の入荷量が少なくなり、安く仕入れられるモノが少なくなる			
		〈8〉				
	流通	〈9〉	ドラッグストア、ホームセンター、ディスカウントストアなどが生産者に呼びかけ、青果を取り扱うようになる（生産者が直接小売に出す）。既存店の売上が減る			
		〈12〉	温暖化や天候不順などにより、野菜の高騰と供給不足の頻度が高まる			

V 新たな戦略が生まれた16業種SWOT分析の実例

会社名（㈱○○青果）

	内部要因			
			弱み（W）…ターゲットと比較して （ターゲットがない場合は一般的な発注者ニーズをベースに）	
携帯ネットからの受注がある		①	駐車場が狭い（小売店2店舗）	
ている）		②	仕入先が地元市場中心で、かつ青果のみなので他の商品との相乗効果が図れない	
低価格で勝負できる		③	社員教育（接客態度・商品知識）が徹底できていない（各店の運営は店長任せでマネジメントパターンや決め事がない）	
		④	来店客に対し商品PRが弱い	
営業の支援や小売支援がしやすい		⑤	1人当たりの業務責任の範囲が広く、代わりがきかない組織体質である（卸部野菜仕入2名、果物1名）	
		⑥	商品間違いや漏れがよくある（バタバタしているので、確認のシステムができておらず、再配送が多発している）	
（小売も卸も）		⑦	整理整頓や備品の使い方、基本動作等のルールが決まってない（個人任せになっており、漏やロスが多い）	
		⑧	後継者の役員が多忙で、ネットの作業に追いついてない	
程度の設備投資も可能		⑨	スーパー中心の販売であり、その他のチャネルや特売実績が皆無	
ネットでの卸し先も4件ある		⑩	A店が業績の足を引っ張っている	
左記対策を実施した場合の概算数値（売上増減、利益改善、経費増減、件数増減、%増減等）	組合せ番号（例〈2〉-⑤）	【改善戦略】自社の弱みを克服して、事業機会やチャンスの波に乗るには何をどうすべきか	左記対策を実施した場合の概算数値（売上増減、利益改善、経費増減、件数増減、%増減等）
	〈9〉-⑨	ドラッグストア、ホームセンター、ディスカウントストアが青果販売をする場合、当社がその供給役となる（地域の業者の使命として）	
	〈2〉-⑧	ネット売上を増やすために、SEOやPPC、メルマガを充実するために専門業者に外注する……月3回ぐらい訪問指導してもらう（10万円/月で契約）	
	〈10〉-②	市場を通して紐付きの農家（市場での全量仕入れ）との契約を増やす……農家とインターネットやメールにより、必要なB級品の仕入システムをつくる（携帯の写真で判断して、即値交渉する）	
	〈8〉-②	県外の卸とのネットワークを結び、中卸どうしの転送で、不足したときの融通や過剰時の融通を図る（D市場、F市場、G市場との取引をもっと増やす）	
左記対策を実施した場合の概算数値（売上増減、利益改善、経費増減、件数増減、%増減等）	組合せ番号（例〈2〉-⑤）	【致命傷回避・撤退縮小戦略】自社の弱みが致命傷にならないようにするにはどうすべきか。またはこれ以上傷口を広げないために撤退縮小する対策は何か	左記対策を実施した場合の概算数値（売上増減、利益改善、経費増減、件数増減、%増減等）
	〈5〉-⑩	C店の移転または閉鎖を大至急検討する（駐車場なし、商店街客数ダウン、部門採算は赤字）	

⑬卸部門と直営小売店を経営する青果店　*149*

Case Study ⑭ 大手量販店の意向に左右される家電配送サービス業
——独自商品の直販をねらう SWOT 分析

《事業者の概要》

業種・業態：配送業

年商：1億2,000万円

従業員数：20人（パート含む）

SWOT 分析の実施日数：2日間

SWOT 分析参加者：経営者、取締役、コンサルタント

　N社は、大手家電量販店の家電配送と設置、回収業務の下請けをしている家電設置配送サービス業者です。

　この業界は、夏場のエアコン需要のときは超多忙を極め、アルバイトを総動員しても間に合わないほどの状態ですが、シーズンが終わった途端に閑散期となり、資金繰りさえも厳しい状況になります。雇用面では、短期アルバイトもそれほど高くない時給では集まりにくく、他の時期の閑散期を考えれば、超多忙期に利益の極大化が必要であるのに、それができない状況になりつつあります。

　得意先である家電量販店も、「勝ち組の超大手家電量販店」につけば仕事はあるものの、多くの班（スタッフ）をもっていないと仕事をこなせません。一方、中堅の量販店であると仕事そのものが少ないうえに価格も安く、複数の量販店につくことは、現在の顧客である家電量販店が認めないなどの現実的な課題もありました。

　そこで、今回の SWOT 分析の目的は、

　①これから3年間の経営戦略を決めたい

　②家電配送以外の商材を構築する

　③営業所の分社化、独立の指針づくり

とすることにしました。

「強み」が使える可能性のあるマーケットを捻出

　「機会」では、「省エネ、再生エネルギー志向で、太陽光発電等が成長する」「オール電化工事にからめて、リフォーム市場にも参入可能」「潰れていく街の家電店を上手に活用すれば、お互い Win — Win の関係ができる」「いずれ家電量販店も太陽光発電等に力を入れるので、先行していれば関係構築が容易である」ことなどがあげられました。

　大型量販店は今後、合従連衡はあっても市場規模が大きく拡大することは考えられません。さらに夏場のエアコン需要期のアルバイト対策が限界にきていることから、家電量販店に依存しないところでの可能性を探っていきました。

そこで、新たに目を付けたのが、落ちぶれている街の家電店さんでした。そこに技術支援や配送支援することで新たなニーズが生まれないかと考えたのです。今後の対策として、オール電化や太陽光発電も可能性があると判断しました（検討会は、再生可能エネルギー固定価格買い取り制度法案が出る前に行われました）。
　「強み」では、「修理技能や修理設備工場がある」「すでにリフォーム工事ができるような施工業者の外注先をもっている」「深夜、土日でも対応できる体制である」「経営者に営業マン教育の経験がある」「国内家電全メーカーに対応可能」などがあがりました。
　家電配送は現場修理も行うので、今まで蓄積された修理ノウハウをいろいろな局面で提供できるのは「強み」と判断しました。

クロス分析：家電店との業務提携とリストラを同時に優先
　「積極戦略」での大きな柱は、「街の電気店と営業提携して、電器店がもつ顧客ネットワークに太陽光発電やオール電化、リフォーム工事、そして最新の修理機能を提供し、収益づくりに貢献する」ということになりました。
　新たな営業情報先として街の家電店さんにPRすることで、自前営業マンが販売するだけでなく、各家電店がもっている多くの顧客先に販売しようというものです。会社側はスーパーバイザー的に家電店さんをサポートする体制を築いていくことにしました。
　「弱み」と「脅威」で浮上し、「致命傷回避・撤退縮小戦略」で確定した大きなリストラ策は、「本社の動きに対応しない地方拠点を、独立メリットを付けて分社独立させ、本体から切り離す」というものでした。これは拠点長が受け入れたことにより実現し、債務は本体に残ったものの、以後は本体に赤字が計上されないことから、事業再生には有意のことでした。
　支店の切り離しと分社化には、顧客の意向もあり多少手間どりましたが、切り離した後は、本業と太陽光、オール電化を積極的に進めました。しかし、思ったように家電店との提携が進まず、本体の売上改善が進んだのは、それから1年後でした。

★本ケーススタディにおけるSWOT分析のポイント
① 自社の「強み」を、顧客以外のどこが欲しがるかを徹底議論
② 元請に左右されない独自ビジネスを具体的にクロス分析で捻出
③ 痛みのともなうリストラを分社化・独立によって実現

V-⑭　SWOT分析・クロス分析　記入シート

※各「ヒアリングポイントシート」からヒアリングした項目を、各欄に入力する
※4つの窓（TOWS）の入力が終わったら、いったんプリントし参加者に配布する
※プリントする前に空欄を削除して上詰めにして、A3版で配布する
　（レイアウト調整をして、多くても2枚までにする）

「機会」「脅威」の番号が飛んでいるのは、検討中に発生した集約後の空欄を削除したため

参加者

強み（S）　…ターゲットと比較して
（ターゲットがない場合は一般的な発注者ニーズをベースに）

①	
②	土日、深夜でもユーザーのニーズに応えられる体制をとっている
③	メーカーに直送しなくてもある程度の家電修理は自社で対応可能
④	廃家電は自社で処理できる体制と施設を持っている（長年のB
⑤	リフォームや小工事の外注先を組織化できており、いつでも
⑥	Bの配達取り付けで長年の実績があり、接客や対応は全員レ
⑦	専務に営業教育の経験があり、自社外でも営業マン教育や同
⑧	国内家電メーカーは全メーカー対応可能
⑨	素直な施工要員が多く、営業に協力的である

機会（O）

外部環境 — 市場・顧客

番号	内容	組合せ番号（例〈2〉-⑤）	【積極戦略】自社の強みを活かして、さらに伸ばしていく対策。または積極的に投資や人材配置して他社との競合で優位に立つ戦略
〈1〉	省エネ、CO2削減ニーズと補助金から、太陽光発電やIHヒーター、エコキュートはまだ伸びる	〈1〉-⑦⑨	地域限定の太陽光発電、IHヒーター、エコキュートのキャンペーンを展開（お得感を全面に出したチラシ作成とポスティン）
〈2〉	リフォームや小工事は住宅会社ルートだけでなく、ガス屋、電気屋などにも営業チャンスが広がる（施工業者はどこにでもいるので、営業力さえあれば売上増が可能）		
〈3〉	施工技術や修理品質の高い業者には、業務がますます集中する傾向がある（施工品質の向上やCSアップの教育がもっとできれば取引拡大は可能）	〈5〉〈9〉-⑦⑨	「街の電気屋」が太陽光発電の営業がしやすいオリジナルパンプの作成（単なるメーカーの商品パンフではなく、○○家電配送サービスと組んでのメリットをうたったもの）
〈4〉	○○は今後まだ伸びるので、専門チームを確保さえすれば、売上増が可能		
〈5〉	いずれ量販店が本格的に太陽光等の環境設備販売をすることを念頭に、その受け皿工事業者に徹すれば生き残れる	〈5〉〈9〉-⑦⑨	「街の電気屋」と○○家電配送サービスとの役割の整理と手数料の決定……家電店との相互支援システムのパンプの作成と配布（指導してもらっているコンサルタントに協力してもらう）
〈6〉	家電配送先のエアコン取り付け時に、直請の営業ができれば、エアコン洗浄の機会やその他家電の販売チャンスがある（家電受注はそのまま、請負先の家電チェーンへ情報提供する）		
〈7〉		〈6〉-⑥	施工要員の接客力を活かし、エアコン取り付け時に洗浄予約、電球交換、他家電類の清掃やチェックを行い、指名で相談を受けられるようにする（その後の家電販売はBに流す）
〈8〉			

競合

〈9〉	「後継者のいる街の家電屋」「他人を雇用している街の家電屋」は新たな収益機会を模索しているので、業務提携で幅広いビジネスチャンスを与えれば、当社も新たな収益機会が生まれる	〈9〉〈12〉-⑨	自社の既存の社員と新採用の営業マン向け、また将来的には提携する家電店のご主人向けに、商品説明しやすい「質問別の話法マニュアル」の作成

供給先

〈10〉	
〈11〉	
〈12〉	潰れた電器店の元オーナーが、量販店の下請けになるケースが増える（しかし、作品質やスピード、接客面で壁にぶつかるので、そこを教育すればビジネスチャンスは増える）

脅威（T）

		左記の状態で、今のまま具体的な手を打たない場合、どれくらマイナスになるか概算数値や％を書く	組合せ番号（例〈2〉-⑤）	【差別化戦略】自社の強みを活かして、脅威をチャンスに変えるには何をどうすべきか

市場・顧客

〈1〉	大手家電量販店の体力勝負になっているので、業界最手のYかK、また通販のJ以外だと設置会社自体の競争が激しくなる			
〈2〉	量販店の値下げ要求がますます厳しくなり、設置会社どうしの値下げ競争が激化			
〈3〉	アフターやメンテナンスを売りにして、低価格競争と差別化を図っていたBの業績悪化で、単価がますます下がる			
〈4〉	県内に増える全国チェーンの大型量販店と取引を増やそうとすると、地元B量販店との取引がなくなる可能性がある			
〈5〉	量販店からの押しつけ販売目標がさらに厳しくなり、目標達成しないと、単価下げや仕事打ち切りの可能性がある			

供給先

| 〈8〉 | 温暖化で猛暑が続くと夏場のエアコン設置時の人員が揃わず、量販店から切られる可能性がある | | | |
| 〈9〉 | 繁忙期にアルバイトや臨時社員で対応してトラブルや事故があれば、損害賠償リスクが拡大する | | | |

他　政治社会経済環境

〈12〉	エコポイントが終わった後の反動が心配			
〈13〉				
〈14〉				

152　Ｖ　新たな戦略が生まれた16業種SWOT分析の実例

会社名（㈱○○家電配送サービス）

	内部要因			
			弱み（W）‥‥ターゲットと比較して （ターゲットがない場合は一般的な発注者ニーズをベースに）	
（ライバルは時間限定）		①	家電販売や太陽光発電、オール電化の営業ができる人材は専務他1名しかいない	
（工場内に技術スタッフがいる）		②	夏場は劣悪な労働環境で若手が続かない	
との付き合いで処理ルート確保）		③	夏場は高い報酬を払えるが、それ以外は給与を上げられず家庭を持ったら辞める社員が多い	
対応可能		④	修理設備や配送車両の買い替え時を迎えているが、資金繰りのめどが立たず更新できない	
ベルが高くクレームが少ない		⑤	特定の家電量販店のシュアが高く、地方の赤字店舗のためにも車両と人員を割かねばならないので、赤字体質から脱皮できない（赤字店舗を断ると、黒字店舗ももらえない可能性がある）	
行教育が可能		⑥	販売企画や営業戦略のアイデアはあるが、PRパンフや新しい仕掛けなどの外注やアウトシーシングする資金がなく、外へ向けてPRできない	
		⑦	特定の家電量販店とのがんじがらめの付き合いがあり、県内へ進出してきた有力家電量販店や通販会社への営業がやりづらい	
		⑧	Bの地方の家電配送は赤字だが、本社への依存度が高く自前での営業をやらない	
		⑨		
左記対策を実施した場合の概算数値（売上増減、利益改善、経費増減、件数増減、%増減等）	組合せ番号 （例〈2〉-⑤）	【改善戦略】自社の弱みを克服して、事業機会やチャンスの波に乗るには何をどうすべきか		左記対策を実施した場合の概算数値（売上増減、利益改善、経費増減、件数増減、%増減等）
	(9)〈12〉 -①②	冬場、春先の業績安定のための太陽光発電、オール電化販売（自社での販売と町の電器屋からの紹介受注）の促進		非家配送売上 初年度　1000万円 H24年　3000万円 H25年　5000万円
	(9)〈12〉 -①②	「後継者のいる街の家電屋」「他人を雇用している街の家電屋」に、太陽光発電、IHヒーター、エコキュート、リフォーム、家電修理等の商材を増やす提案を行う……「街の電気屋」の組織化と後継者向け勉強会の定期開催		
		3年以内にBの社内における売上シェアを50%以下にする		
左記対策を実施した場合の概算数値（売上増減、利益改善、経費増減、件数増減、%増減等）	組合せ番号 （例〈2〉-⑤）	【致命傷回避・撤退縮小戦略】自社の弱みが致命傷にならないようにするにはどうすべきか。またはこれ以上傷口を広げないために撤退縮小する対策は何か		左記対策を実施した場合の概算数値（売上増減、利益改善、経費増減、件数増減、%増減等）
	〈1〉〈2〉 -⑧	Bの赤字店舗の配送の営業所を分社し、本体から離す（分社時に支度金を渡し、自前で営業するように、A所長に分社社長になってもらう）……創業準備から操業融資まで支援（一部を借用）		固定経費　300万円/月削減
	〈4〉-①	営業要員（太陽光、オール電化がわかる社員）を至急1名採用（一般募集とBの早期退職者から採用）		

⑭大手量販店の意向に左右される家電配送サービス業

Case Study ⑮ 職員数10名程度の平均的な会計事務所
——他の会計事務所にはない付加価値を求めたSWOT分析

《事業者の概要》
業種・業態：税理士事務所
従業員数：12人（パート含む）
SWOT分析の実施日数：2日間
SWOT分析参加者：所長、課長（2人）、コンサルタント

O事務所のような税理・会計事務所は、従来型のサービス提供だけでは顧問先は満足しない状況になっています。ある事務所は徹底した低価格顧問料で差別化し、ある事務所は経営計画やコンサルサービスで付加価値を高めようとしています。また、記帳代行や新設法人、零細企業へ積極的に訴求しているところもあります。どこに軸足を置いて、どう差別化したサービス提供ができるかが問われています。

O事務所では、SWOT分析の基本を理解しながら、事務所の戦略や対策を決めるということで、基本どおり「脅威（T）」「機会（O）」「弱み（W）」「強み（S）」、TOWSの順番で検討していきました。

「機会」「脅威」「強み」「弱み」をバランスよく議論

「脅威」では、顧問先が不況の影響を受けており、「顧問料の値下げ要望」や「顧問先数減少」「同業者の営業攻勢」などがあげられました。会計事務所が進める自計化が進展すると、事務所の付加価値が認められなければ、顧問先企業は顧問料の意義について考えるようになります。

さらに追い打ちをかけるように、DMやWeb上で低価格を売り物にする会計事務所や、新たなに資格を取って独立した税理士、税務署を退官した税理士など、企業数が減って市場が縮小しているのに、プレイヤーは増え続けている状況があります。また、税理士法人も増え、一部の法人は巨大化し、サービス機能を拡充しています。

「機会」では、いろいろな付加価値サービスが求められていることがあげられました。経営改善計画書支援能力、資産税、相続税ニーズ、後継者育成ニーズ、経営セミナーなど、既存の枠にとらわれないサービス能力があげられました。機会では、どこに差別化すれば顧問先獲得や付加価値収入が得られるかがポイントとなります。

「弱み」では、どの会計事務所にも共通することですが、「営業力・見込み客フォローの脆弱さ」「情報共有の不足」「付加価値提供できる人材の限界」などが出てきました。「弱み」はどうしても現状の課題が中心になりますが、顧問先が求めていることと現実があまりに違うと、遅かれ早かれ「顧問先離れ」につながることは、枚挙に暇がないほどの例があります。

「強み」では、「セミナーを定期開催している」「相続関係実績の豊富さ」「金融機関からの評価」など、これも多くの会計事務所に共通の要素があげられました。
　顧問先や新規見込先から見た場合、強みの見極めは「顧問料の値上げを要望されても了承したくなる魅力があるかどうか」に尽きます。少しぐらいの強みは、レベルの低い事務所と比べて「よい」程度で、提供するサービスの内容が"想像以上"、要求される対価が"想像以下"でなければ顧客は納得しないものです。O事務所の場合、税務会計、決算品質には自信をもっているのは理解できますが、強みと比較すると、弱みのほうが重く感じられ、相当な努力が必要になると思われます。

クロス分析：会計事務所としての付加価値・サービスの具体的プラン
　「積極戦略」では、「相続税ニーズ」と「相続実績が豊富」ということから、相続関係のニーズをさらに掘り起こすにはどうすべきかが検討されました。その結果、「敷居の低い相続企画商品の開発」という戦略があがってきました。さらに議論した結果、「払いやすい金額は5万円ぐらい」「本格的な相続の前にやるべき作業」などの意見が出て、シートに記載された対策となりました。これは、顕在的な「強み」と、潜在ニーズの「機会」が直結した対策でもあります。また、銀行との具体的な提携も、支店単位で、事務所が現在学習中のSWOT分析や経営改善計画書の勉強会を行い、金融機関と円滑な関係を築くことがあげられました。
　「改善戦略」では、決算報告会の付加価値実現のために、今までの数値羅列計画書ではなく、「具体策のある経営計画書」作成が盛り込まれました。そのための研修もすでに実施中です。
　「致命傷回避戦略」も同様に、「外部環境」と「内部要因」を掛け合わせて、どのような戦略や対策が考えられるかをいろいろ議論することで、具体策が徐々に埋まっていきました。会計事務所では、顧問料のなかで、"何でも無料サービス"してしまう傾向があります。そこで、無料で提供しているサービスから収益源になるものを洗い出し、オプションメニューとしていくことが決まりました。有料化は、既存客には納得してもらえないかもしれませんが、新規客には契約当初に理解してもらえばよいことなので、すぐにオプションメニューを作成し、新規からの採用が決まりました。

★本ケーススタディにおけるSWOT分析のポイント
① 会計事務所という特性上、事務所のSWOT分析だけでなく、学習効果も狙い基本どおり実践
② 所長が日ごろ言っていた「付加価値の必要性」が理論的に課長たちにも理解できた
③ 具体的に商品名、サービス名を決めることでイメージが湧く

V-⑮ SWOT分析・クロス分析 記入シート

※各「ヒアリングポイントシート」からヒアリングした項目を、各欄に入力する
※4つの窓（TOWS）の入力が終わったら、いったんプリントし参加者に配布する
※プリントする前に空欄を削除して上詰めにして、A3版で配布する
　（レイアウト調整をして、多くても2枚までにする）

「機会」「脅威」の番号が飛んでいるのは、検討中に発生した集約後の空欄を削除したため

参加者

	強み (S) …ターゲットと比較して（ターゲットがない場合は一般的な発注者ニーズをベースに）
①	電子申告、電子帳簿が進んでいる
②	継続MAS、経営計画書作成の指導が一部の職員はできる
③	セミナー会員制度を持っており、セミナーを定期的に開催している
④	所長は経営コンサルタント能力があり、営業力もある
⑤	巡回監査が徹底しているので、顧問先がいち早く経営情報を知る
⑥	相続関係の指導実績が豊富
⑦	金融機関からの決算書類の信用性が高い（書類添付率等）
⑧	職員全員が保険取扱資格を持ち、顧問先のリスク管理ができる
⑨	SWOT分析を事務所でも導入し、指導できる職員が多い
⑩	税理士が2名いる税理士法人である

外部環境

機会 (O)

			組み合わせ番号（例 〈2〉-⑤）	【積極戦略】自社の強みを活かして、さらに伸ばしていく対策。または積極的に投資や人材配置して他社との競合で優位に立つ戦略
市場・顧客	〈1〉	経営セミナー等で経営情報を得たいという顧客ニーズは高まる		
	〈2〉	相続税、資産税対策のニーズが高まる（後継者難への対応も求められる）	〈2〉-⑥	相続に関連する敷居の低い商品の開発…低価格で顧問先も提案を受け入れやすい企画商品（遺言書作成支援サービス等）
	〈3〉	法人の未来や先々の相談ができて、アドバイスがあれば、顧問料をもったいないとは思わない顧問先は増える（経営の要素や機能の問題解決のアドバイス、売上、利益改善のアドバイス）	〈3〉-⑨	お金のもらえる「SWOT分析から経営改善計画書」まで作成する提案を顧問先の30％には導入する
	〈4〉	数値面の経営計画だけでなく、具体策の入った行動面の経営計画まで作成できる可能性は増える		
	〈5〉	銀行との交渉に使える経営改善計画書を顧問先と一緒につくれるようになれば、紹介が増える。また銀行とのパイプができる	〈5〉-③	銀行との具体的な提携…銀行の各支店へ企画としてSWOT勉強会を無料で提案実施し、その後、融資先を集めたSWOT研修（実抜づくり）を事務所主催で行う。参加者は銀行から紹介してもらう
	〈6〉	無料セミナーは新規見込先開拓につながる…無料セミナーは今後も知り合うきっかけになる。セミナー後のフォローがしっかりできればもっと増える可能性がある	〈6〉-③	セミナー会員制度をもっとオープンにして、金融機関や中小企業家同友会、倫理法人会、付き合いのある各種組合や団体にも広げ、セミナー参加をしやすくする…セミナー受講料の無料化
	〈7〉	貸付条件の緩和や中小企業金融円滑化法など、金融機関から「実抜計画」を依頼されるケースが増える可能性がある		
	〈8〉	企業再生案件ができるところも、銀行からの紹介が増える可能性がある		
競合	〈9〉	事務所のホームページを活用し、「Webを見てもらうための見せ方とノウハウ、ツール」の販売ができれば、新たな切り口が生まれる		
	〈10〉			
	〈11〉			
政治経済他社会環境	〈12〉	金融機関が融資するうえで、中小企業会計指針、書面添付の認知度が高まり、対応している事務所は有利になる		
	〈13〉	介護分野に経済政策がシフトするので、関与先を増やす企画（セミナー、紹介等）をする		
	〈14〉			

脅威 (T)

			左記の状態で、今のまま具体的な手を打たない場合、どれくらいマイナスになるか概算数値や％を書く	組み合わせ番号（例 〈2〉-⑤）	【差別化戦略】自社の強みを活かして、脅威をチャンスに変えるには何をどうすべきか
市場・顧客	〈1〉	企業数・関与先が減少する（不況による倒産、後継者不足による廃業等）	通常の努力をしていても、年3〜5件の純減	〈1〉-⑩	後継者がいない高齢化した税理士の事務所と業務提携し、いずれ吸収合併する。そのために「共同勉強会」等の立上げ
	〈2〉	記帳代行の無料化が多くなる（誰でもパソコン入力できるから）			
	〈3〉	他地域から税理士が顧問先獲得に乗り出し、さらに競合激化に拍車がかかる（ネットによる業務が進んで）	顧問先減少に伴い5％前後の減収が続いている		
	〈4〉	安価な市販の会計ソフトが出回り、税理士事務所でなくてはならない理由が減ってくる			
	〈5〉	自計化している関与先はネットでの情報収集もでき、毎月顧問料払ってまで見てもらわなくてもよいという法人も増える（終わった事のチェックではもらえない）	新規顧問先が拡大しないので、企業防衛の手数料は増えない（解約は増えている）		
	〈6〉	歯科の業績悪化先が増え、値下げ要求が増えている			
競合	〈8〉	安価な顧問料をPRする事務所が増えてくる。伸びない顧問先の顧問料アップが難しくなる			
	〈10〉	ダイレクト・メールやネットで低単価を売りにした税理士事務所の営業活動が増えている			
供給先	〈12〉	税理士数、会計士数は増えているが、事業所数は減少			
政治経済他社会環境	〈14〉	税理士の広告解禁により、安い単価を提示している税理士事務所と比較されて、値下げ要求が出る可能性がある	価格競争による値下げは減収要因になっている		
	〈15〉	税法が複雑になることで、会計事務所の損害賠償リスクが増える			
	〈16〉	米国にならって、公認会計士のまま税務申告ができる法改正が進んでいる。公認会計士、弁護士が税理士分野に参入する			

156　V 新たな戦略が生まれた16業種SWOT分析の実例

会社名（○○会計事務所）

内部要因

		弱み（W）…ターゲットと比較して （ターゲットがない場合は一般的な発注者ニーズをベースに）
	①	所長不在が多く、顧問先との面談タイミングが取りにくい。また顧問先と所長とのコンタクトが少ない
	②	せっかくセミナーを開催しても、新規のセミナー来場者にアンケートもフォローもとっていない。役割分担も決めていないので、その後の積極的なフォローもなく、チェックもない
（非顧問先の会員も複数いる）	③	顧問先から値下げ要求があるとすぐに妥協してしまう。また、妥協しないと顧問契約を切られることが多く、交渉力や提案力が弱い
	④	担当者しか顧問先の内容がわからない。システムとして情報共有ができていない。1人担当なのでフォローが隅々までできていない
ことができる	⑤	事務所としてノウハウ、データが共有されず、個人スキルに依存したままになっている
	⑥	会議で意見交換ができていない。個人目標が曖昧で進度チェックがない。顧問先への提案内容等の情報共有がない
	⑦	ホームページは作っているが、事務所からの積極的な PR 不足
	⑧	セミナーは開催しているが、会計、財務、税務に偏り、バリエーションがない。結果、参加者が固定化して、新規が少なくなっている
	⑨	顧問先からもらえる業務の費用まで無料にしてしまっている
	⑩	会議指導やコンサルは所長しかできず、職員はそこまで意識がなく、経営者との会話力が乏しい

左記対策を実施した場合の概算数値（売上増減、利益改善、経費増減、件数増減、%増減等）	組み合わせ番号（例〈2〉-⑤）	【改善戦略】自社の弱みを克服して、事業機会やチャンスの波に乗るには何をどうすべきか	左記対策を実施した場合の概算数値（売上増減、利益改善、経費増減、件数増減、%増減等）
5 万円前後の商品で、年間 20 件ぐらい実施したい			
初年度はお金がもらえないかもしれないが、2 年目から平均 5 万円 / 件× 20 社は実施したい	〈3〉- ⑩	職員に会議指導訓練を行い、顧問先の経営会議に参加して司会から書記まで行えば、経営者とコミュニケーションもとれて、経営改善のモニタリングもでき、単価増につながる	1 回 5,000 〜 10,000 円程度の会議指導料をもらいたい。できれば 1 職員当り 2 社を目指す
「SWOT 1 日セミナー」は年 2 回実施（1 回当り 10,000 円 / 名× 15 社）は可能性がある	〈6〉- ⑧	経営戦略や層別のセミナー、社員教育セミナー等、年間計画の中でバリエーションのある計画を作成する（セミナー会員は、経営者層から末端女子社員まで、何らかの研修が当事務所のセミナーでできる事を PR する）	外部講師以外、原則事務所職員が担当する
外部講師料のみ経費を考える（外部講師を年 5 回以上、5 〜 10 万円 / 回）	〈9〉- ⑦	Web を活用して、新規や見込み先、セミナー参加企業に対して、メルマガや小冊子プレゼントを行い、「継続的な関わり」を持つ	
	〈3〉- ⑩	「決算報告会」に付加価値を出す。単なる過去会計報告ではなく、次年度の検討ができるようなサービスの開発	
	〈19〉- ⑩	社福または株式会社の介護施設（特養以外のデイサービスや小規模、グループホーム等含む）へ入り込むため、人事コンサル関係を学習し、そこからセカンド・オピニオンとして入り込む	

左記対策を実施した場合の概算数値（売上増減、利益改善、経費増減、件数増減、%増減等）	組み合わせ番号（例〈2〉-⑤）	【致命傷回避・撤退縮小戦略】自社の弱みが致命傷にならないようにするにはどうすべきか。またはこれ以上傷口を広げないために撤退縮小する対策は何か	左記対策を実施した場合の概算数値（売上増減、利益改善、経費増減、件数増減、%増減等）
予定は立たない	〈1〉- ⑨	顧問先が今後も増えないなかで増収を図るために、本来もらうべきサービス対価はしっかりもらえる「オプションサービスメニュー料金表」を作成し、少しずつ顧客単価を上げる（新規には最初から契約時に説明する）	月次顧問料の 5%程度は増収できると考える
	〈3〉- ⑩	営業を仕掛けてくる他事務所との差別化のため、コーチング力・提案力を高める研修の徹底を図る	研修費として計上が必要
	〈6〉- ⑩	マイコモンを活用した情報提供の強化。「歯科経営研究会」の発足で、既存客から紹介を促進する……付加価値として「歯科医院の SWOT 分析とモニタリング付き経営計画書作成」の実施	歯科の値下げ防止と新規紹介（年 3 件ぐらい）

⑮職員数 10 名程度の平均的な会計事務所

Case Study ⑯ 介護療養病棟を中心にした老健併設型病院
──組織対策と将来ビジョンづくりのためのSWOT分析

《事業者の概要》
業種・業態：病院・老人保健施設
従業員数：80人（パート含む）
SWOT分析の実施日数：2日間
SWOT分析参加者：理事長、院長、副院長、看護部長、事務長、コンサルタント

P病院は、内科とリハビリを中心とした療養型病院です。老健施設や訪問看護、訪問介護、通所リハビリテーション、居宅支援介護事業所をもつなど、介護機能も充実しています。

SWOT分析は、数回の会議で検討会を開き、分析シートを作成しました。一般の病院では、このような検討会に院長や副院長等のドクターはなかなか参加しないものですが、P病院の場合は、院長に経営マインドがあり、ほとんどの幹部が参加しての事業計画づくりとなりました。検討会では、療養型病棟の廃止削減が議論されているさなか、今後の病院もしくは医療法人の経営の方向性をどうすべきか、他病院や他の介護施設との差別化をどうすべきかが、主要課題となりました。

近隣の病院と比べて少しでも優位な部分があれば「強み」

「脅威」では、病床再編や制限、診療報酬の一部減少などの外部環境と同時に、地方に共通した医師不足、看護師不足がそのまま記載されました。

「機会」では、どの病院も基本は同じ環境であり、「高専賃（現在はサービス付き高齢者住宅）」「在宅医療」「回復期リハ」のニーズに対応することが求められているという認識でした。ちょうど特定健診が制度化されたときでしたので、そこが増患につながると思われました。また、近隣に急性期の中核病院もあり、脳血管リハビリニーズが高いこともわかっていました。

この分析で面白いのは、リハビリ・スタッフが採用しやすいということが「機会」に入っていることです。これは、一時期、リハビリ・スタッフが不足し、賃金も高騰していたのですが、専門学校からの輩出が増え、供給が需要を上回っていることを意味しています。医療業界は何年かおきにこういうことが起こるようです。

「強み」は、介護、在宅サービスとフルラインアップで提供できることがあります。また、リハビリ機能が充実し、必要な診療科目のドクターがいる、などがあげられました。

クロス分析：組織対策に重点を置く

「積極戦略」では、SAS（睡眠時無呼吸症候群）の専門医がいることや、回復期リハに直結するリハビリ・スタッフが多いことから、それぞれ在院日数短縮や保険点数アップができる具体案を実践するよう意思決定しました。また、不動産としてもっている集合住宅を改装できることから、訪問看護ステーションを併設した高専賃（現在はサービス付き高齢者向け住宅）を至急展開することも決まりました。

「致命傷回避戦略」では、「賃金表の作成」があげられていましたが、検討の結果、「賃金が不明」という理由で退職する看護師が複数いたこと、面接時に聞かれて明確に答えられずに採用できていないということがわかり、喫緊の課題として「賃金表の見直し」が決定されました。

このように医療から介護サービスまで行う法人では、入院退院管理の連携が重要ですが、P病院では情報共有がなされていなかったので、そのための管理者会議の設置や、副総師長を長とする総合相談部を設置することになりました。これは改善戦略にもあげられていることで、緊急度が高いということですぐに実践されました。また、ドクター不足を解消するために、院長の母校の医局に、これまで以上の情報交換をしてもらうことを院長自身が意思決定しました。

「改善戦略」では、これだけの医療と介護のサービスを行っていながら、連携や紹介促進が進まない理由として、「PR不足」にあるとの分析から、「開発推進室」の設置とパンフレット類の作成があがりました。

組織対策は、本来なら「積極戦略」で取り上げられるべきテーマで、必要ならすぐにでも実行すればよいと思うのですが、旧態依然の体質を引きずっており、人員の意識改革に時間がかるということで、「改善戦略」として位置づけられることになりました。

病院のSWOT分析を行う場合、一般企業とは異なり、準備や根回しに時間がかかり、どうしてもスローテンポの戦略立案になりがちですが、こうした分析〜戦略立案〜具体的対策を行わない医療法人が多いのも事実です。これでは、すでに到来している"競合の時代"に対応できないのではないでしょうか。

SWOT分析後にまず実施したのが、総合診断部の設置でした。これで介護部門との入退院管理が円滑に進み、病床稼働率向上に貢献できるようになりました。

★本ケーススタディにおけるSWOT分析のポイント
① 一般企業と自由度が異なる медицина、介護においては法律や規制に沿った戦略を立案
② 紹介先の病院や施設がわかるように、具体的な差別化ポイントを捻出
③ 組織対策がそのまま収益に直結する項目は、積極戦略にあげる

V-⑯　SWOT分析・クロス分析　記入シート

※各「ヒアリングポイントシート」からヒアリングした項目を、各欄に入力する
※4つの窓（TOWS）の入力が終わったら、いったんプリントし参加者に配布する
※プリントする前に空欄を削除して上詰めにして、A3版で配布する
　（レイアウト調整をして、多くても2枚までにする）

「機会」「脅威」の番号が飛んでいるのは、検討中に発生した集約後の空欄を削除したため

		参加者		

	強み（S）…ターゲットと比較して （ターゲットがない場合は一般的な発注者ニーズをベースに）
①	病院に老健施設が併設されている…安心感がある
②	在宅サービスが充実している…医療、入所、在宅までトータルに
③	リハビリが充実している（人材と施設）
④	温泉を利用した成人男性のメタボ対策の運動療法ができる（他の特定健診の保健指導につなげる可能性がある）
⑤	SAS の検査機能が充実している（人材、実績がある）
⑥	超音波検査が充実している（県内で超音波学会会員は当院のみ）
⑦	循環器専門のドクターがいる
⑧	内視鏡検査が受けられる（設備がある）
⑨	院内に心療内科、精神科の機能がある（精神科外来に行かなくても、
⑩	循環器研修の教育関連施設になっている（○○では当院のみ）

		機会（O）	組み合わせ番号（例）〈2〉-⑤	【積極戦略】自社の強みを活かして、さらに伸ばしていく対策。または積極的に投資や人材配置して他社との競合で優位に立つ戦略
外部環境	市場・顧客	〈1〉特定健診が制度化し、問題が出た健診者を医療に取り込める	〈18〉-⑤	SAS 検査入院を増やす（積極的PRの方法、SAS効果の見える化）
		〈2〉有料老人ホーム、高齢者専用賃貸住宅が伸びる分野……医療を外付けする方針		
		〈3〉在宅医療で往診ニーズが増える	〈9〉-③	療養病棟から回復期リハへの転換推進（必要な準備、看護体制等の計画作成）…メインは脳血管だが、心疾患、呼吸器疾患も実施
		〈4〉回復期リハでは、脳血管リハビリ需要はあり、リハビリ1を取れば増収可能性		
		〈5〉最低でも10:1体制がとれれば、減収抑制できる（平均在院日数21日以内にする）	〈1〉	特定健診は全部（保健指導まで）実施…国保は医師会を介して（実行計画書作成と年度中実施）
		〈6〉高齢者ケア（認知症）をフォローアップできる医療機関がない		
		〈7〉2次医療圏に有料老人ホーム系が少ない	〈6〉-②	高齢者賃貸住宅に訪問介護ステーションを設置し24時間体制
		〈8〉		
	競合	〈9〉近隣の急性期病院から回復期リハのニーズがある		
	供給先	〈12〉リハスタッフは以前より採用しやすくなった		
		〈13〉2次医療圏域内に緩和ケア病棟が未整備。緩和ケアのニーズはあるがドクター対応や組織配置が難しい		
		〈14〉		
	経社政治他環境済	〈18〉在院日数の短縮に対応したサービスの提供が必要（検査入院等）		
		〈19〉		

		脅威（T）	左記の状態で、今のまま具体的な手を打たない場合、どれくらマイナスになるか概算数値や%を書く	組み合わせ番号（例）〈2〉-⑤	【差別化戦略】自社の強みを活かして、脅威をチャンスに変えるには何をどうすべきか
	市場・顧客	〈1〉後期高齢者医療制度では、病院は主治医になれない。診療所がなければならない			
		〈2〉DPC 導入病院／入院日数短縮化・亜急性病床は増える			
		〈3〉DPC 病院：主病名に傾向した治療プロセスが実施されている			
		〈4〉病床再編による制約条件→転換型老健、経過型療養移行へのリスクがある			
		〈5〉医療計画による制約条件：①病床数制限、②病床区分移動の制限等がある			
		〈6〉			
		〈7〉			
		〈8〉			
	供給先	〈12〉ドクターの採用が難しい			
		〈13〉看護師の採用が難しい			
		〈14〉薬剤師の採用が難しい			
	経社政治他環境済	〈18〉医療費削減、混合診療の方針もない			
		〈20〉			

160　Ⅴ　新たな戦略が生まれた16業種SWOT分析の実例

会社名（医療法人　○○会）

内部要因		弱み（W）　…ターゲットと比較して （ターゲットがない場合は一般的な発注者ニーズをベースに）	
提供できる	①	地域からは「老人施設」というイメージで見られている	
	②	地域医療連携の動きが弱い…在宅支援の部門、担当者がいない	
	③	ドクターの高齢化	
病院ではまだ進んでいない）…	④	心疾患リハビリを強化するには内科救急が必要だが、ドクターが不足（あと1名必要）	
	⑤	在宅サービスできるが、活かしきれていない（退院後に在宅につながっていない。在宅のコミュニケーション不足）	
	⑥	内部の連携がとれていない。情報交換、会議がうまく機能しない	
	⑦	事務部門、経営企画部門の人材がいない（事務長の業務負担過多）	
	⑧	リハビリに専念する整形外科医がいない	
院内で対応できる）	⑨		
	⑩		
左記対策を実施した場合の概算数値（売上増減、利益改善、経費増減、件数増減、％増減等）	組み合わせ番号（例〈2〉-⑤）	【改善戦略】自社の弱みを克服して、事業機会やチャンスの波に乗るには何をどうすべきか	左記対策を実施した場合の概算数値（売上増減、利益改善、経費増減、件数増減、％増減等）
	〈2〉-②	在宅サービス、特定健診のPRのための営業案内として、開発推進室を設置（チラシ配布要員、説明要員）……老人病院イメージからの脱皮	
	〈3〉〈4〉⑥	総合相談部（副総師長）の設置で医療、介護相談機能の強化	
	〈5〉-⑦	各部門とも収入増につながる数値目標の設定と対策の徹底	
	〈1〉-⑦	新患を増やすための独自性のある健康教室の開催（栄養セミナーや疾患別医療セミナー等）	
左記対策を実施した場合の概算数値（売上増減、利益改善、経費増減、件数増減、％増減等）	組み合わせ番号（例〈2〉-⑤）	【致命傷回避・撤退縮小戦略】自社の弱みが致命傷にならないようにするにはどうすべきか。またはこれ以上傷口を広げないために撤退縮小する対策は何か	左記対策を実施した場合の概算数値（売上増減、利益改善、経費増減、件数増減、％増減等）
	⑥	医局と看護部、相談部が情報交換と戦略的意思決定を図るための「管理者会議」の開催	
	〈4〉-①③	外部指導を仰ぎながら、中期事業計画の作成	
	〈12〉-⑦	○○医科大学との情報交換を院長と△△ドクターが徹底する	
	〈13〉-⑦	賃金表を早急に見直し、中途で採用しやすい賃金提示を行う	

⑯介護療養病棟を中心にした老健併設型病院

SWOT Column ③
実例：就活パーソナル SWOT 分析

　本事例は、会計事務所に転職希望の女性（資格試験に挑戦中の中途転職者）をSWOT 分析したものです。
　まず「**機会**」では、「なぜ会計事務所がよい」と考えているのかです。会計事務所はオーバーストア状態、吸収合併で大型化する税理士法人がある一方で、旧来の個人事務所経営のままで苦戦を強いられているところもけっこう多い。そんな環境のなかで、なぜこの業界を狙うのかという理由づけが必要なのです。
　被面接者は会計に興味をもったことと、聞きかじりだが、数値だけでなくコミュニケーション能力があれば、事務所でも評価されるし、そういう事務所なら今後も成長できるということを見ていました。
　「**強み**」では、「機会」に使えるコミュニケーション能力があることと、ブラインドタッチができることをあげています。ブラインドタッチだけなら多くの人ができますが、被面接者は聞きながら文書要約もできるということを知りました。それなら、顧問先経営者との会話、事務所内での議事録作成など活躍の場があるかもしれません。細かい計算が好きだということも基本スキルとしてポイントにあげました。また、経済ニュースを毎日チェックしているという習慣は実務上好ましい。とくに会計事務所は経営者と会う機会が多いので、興味をもたない人よりアドバンテージがあります。
　被面接者の「感情が表に出て相手を不愉快にするようなことがない態度的安定」を「強み」にしたのは、女性を使うことの多い男性管理者の立場からすると、これは本音の部分であるからです。
　では、その「機会」×「強み」からどんな「**積極戦略**」を出したか——。
　コミュニケーション能力とブラインドタッチの「強み」が顧問先でも事務所内でも使えるスキルであること。また、気安い性格から事務所の営業活動の一環も担えるということをアピールポイントにしました。
　「**弱み**」と「**改善戦略**」は、試験の２科目を取得し、３科目も視野に入っていることから、実務経験はなくても知識と思考回路は使えるということ、そして正式採用でなくても、パートからでも可能という姿勢を PR するように決めました。
　このように、面接前にパーソナル SWOT 分析をしておけば、会計事務所の面接官にプラスポイントが適確に伝わりますから、ライバルである他の就職希望者に比べて大変有利な状況になることがわかります。
　パーソナル SWOT 分析では「採用することで、**相手にどんなメリットをもたらすか**」**を明確**にしなければなりません。具体的な内容をどんどん記入し、後からロジカルに整理することが望ましいでしょう。自分のしたい仕事と貢献、そしてその表現が相手にイメージできるように伝えることです。採用側も就職希望者の本気度を見ています。本気なら「パーソナル SWOT 分析」も書けるし PR ポイントも整理できます。このパーソナル SWOT 分析が書けないとしたら、それはまだ動機が不十分だということです。

Chapter VI

SWOT 分析
コーチングの
要諦

経営コンサルタントの定義が変わりつつあります。一般的に、経営コンサルタントとは、自分の知識・経験をもとに「指導・助言」を行う仕事ととらえている人が多いように思います。また、経験豊富なコンサルタントになると、「経営者の決断・判断の是非について、根拠を元に判断材料を提供する」プロフェッショナルな人材であると言われます。いずれも相当の経験と見識が要求されます。しかし、その助言や指導、提供するサービスが必ずしも業績改善にはつながらない事例が多いのも事実です。こうしたことから、コンサルテーション自体に批判的な経営者もいて、「コンサルタントは口先ばかりでおカネをもらっている」と揶揄する理由にされてもいます。

この背景として、コンサルティングにあたってクライアントのレベルや実情に対する考察が少なく、「あるべき論」で無理やり実行させようとするところに問題があるのではないでしょうか。もし、クライアントである経営者や幹部が納得できる対策、自分たちで導き出した対策なら、自ら進んで実行するはずです。しかし、「教えられた答え」には、ワクワク感も感動もないため、自らを動かす動機づけが欠落し、行動が長続きしません。

筆者も27年間の経営コンサルタント活動のなかで、自分の指導アドバイスの結果、そのようなもどかしい思いを幾度となく経験してきました。そこで、指導や助言は求められれば行いますが、コンサルテーションの基本を「聞き出すこと」に置くようになりました。このことで「その意見の是々非々ではなく、その意見が出る背景や原因」を聞くことが多くなり、筆者自身の現状認識力が飛躍的に高まったように思います。

その後、日々の業務や学習を通じてコーチングへの理解を深めるとともに、メンタル面の作用にも興味があったことから、産業カウンセラーの資格を取得し、「傾聴による現状認識」の理論的な背景を習得することができました。

SWOT分析コーチングは、まさにそのようななかで取り組み始めたものです。そして、多くの指導を重ねるうちに、「SWOT分析は、コンサルタント的な進め方ではよい結果が出ない。コーチングによって相手の自発性と気づきを誘発するようなスタイルで進めるべきだ」と確信するようになったのです。

本章では、筆者自身の体験から得たSWOT分析におけるコーチングの要諦について、まとめてみました。

1. 一般のコーチとの違い

いわゆる一般のスポーツなどにおけるコーチのコーチングと、SWOT分析コーチングは何が違うのでしょうか——。

もっとも大きな違いは、後者はマン・ツー・マンではなく、複数の対象者と「経営戦略を決める」というところに特徴があることです。前者（マン・ツー・マン）の場

合、経営者を相手にしているエグゼクティブ・コーチは、経営知識もあったうえで意思決定をうながしています。ある著名なコーチ（コンサルタント）は、「ただ聞き出すだけではコーチングにはならない。こちらも戦略提案の知識もからめてコーチングしないと、クライアントから戦略的なアイデアの気づきまでは誘導できない」と言っています。

　複数（10名未満）の参加者とSWOT分析を行う場合は、やはり個人指導とはかなり勝手が違うはずです。これにはファシリテーター機能が求められます。

　マン・ツー・マン、1対複数、いずれにしても、コーチング・スキルがあれば、どちらもそう難しくはないでしょう。現に、筆者が主催した研修会で何回か学習した会計事務所の所長や幹部職員は、自分の顧問先で学んだことを実践し、成果を上げているのですから…。

　コーチングでは、教え上手よりも、聞き上手のほうが重要です。これはマン・ツー・マンでも1対複数でも同じことが言えます。ただ、企業の固有戦略を決めるのに、コーチング・マインドだけで十分かと言えば、最初はメンタル・ブロック（思い込みによる固定観念）がかかり、少し難しく感じるかもしれません。

　このような場合があるので、本書で紹介しているような「機会」「強み」の各分析に必要なヒントを利用したほうがよいのです。さらに、クロス分析時もコーチがいろいろな文書を整理して結果の是非をもらうのではなく、クライアントに意見を言わせながら整理したほうがよいでしょう。

　筆者の経験から言えば、コンサルタントのようにちょっとした知識があることよりも、まったく業界知識もなくて純粋にコーチングができる人のほうが、よいSWOT分析ができることが多いようです。

2. 取りまとめの基本要件

　SWOT分析コーチングでの意見やアイデアの取りまとめには、基本的な要件が3つあります。
- 顧客視点（相手視点）
- Whyロジカル
- Howロジカル

①顧客視点（相手視点）
　「顧客視点」とは、「機会分析」も「強み分析」も、その結果のクロス分析である「積極戦略」も、「顧客がどう思うか」「顧客目線で、その方向性は間違いないか」「あなたが顧客ならその戦略に乗るか」「それで顧客はカネを払うか」という視点で、参加

者に問いかけることを多用することです。

　いろいろな意見が出てくるなかで、いつの間にか「自社都合」で議論していることもあるので、徹頭徹尾、「顧客視点」を貫くことが肝要です。また、議論の途中で「顧客視点」からの質問を繰り返すことで、参加者はそのたびに自問自答するので、より効果的な意見整理ができます。

② Why ロジカル

　「Why ロジカル」とは、「なぜか」を論理的に追及することです。「機会」「強み」もその結果のクロス分析である「積極戦略」も、各意見には、必ず背景なり原因なりがあるはずです。その背景が論理的かどうかを「なぜ」という質問を多用することで、根拠を明確にさせるのです。

③ How ロジカル

　「How ロジカル」とは、いったん決まった方向性や具体策の行動計画を立てる際に、「どうしたらできるか」という具体的行動プロセスを整理できるかどうかを言います。積極戦略をアクションプランに展開するには、最終目的やそれを実現する行動のポイントがいくつあって、その行動ポイントによって、最初に手をつけるのが「どういうことで」「いつまでに」「どうすればよいか」など、プロセスを整理するように導くのです。

　この３つの基本要件をつねに念頭においてコーチングすれば、必ず効果のあるSWOT分析ができるはずです。

3. 意見がつながる質問

　コーチはつねに多くの質問の種を用意しているものです。このことで、相手の意思決定につなげるように適時必要な質問を繰り出し、相手に考えさせることができるのです。

　SWOT分析のコーチングも同じことが言えます。参加者が「機会」や「強み」、「積極戦略」で意見を出してきたり、誰かの意見に対して反論や修正論を出してきた場合、「なぜ、そう思ったのか」という質問が必要になります。こうした質問はいろいろな場面で使うと効果的ですが、SWOT分析現場ではさらに次のような質問のバリエーションを使います。

- 「経営者がもっともしたいことは何か」
- 「なぜ、その方法を選択したのか」「それはどうしてか」

- 「社長、Aのやり方もあると思いますが、Bを選んだ理由は何ですか」「それはどうしてですか」
- 「社長、まだAの準備ができていませんが、Bを急ぐ理由は何ですか」「それはどうしてですか」
- 「某社ではこんな方法をやっていますが、社長の会社ではどんなことなら可能性がありますか」
- 「○○すれば可能性はありますか」
- 「△△さんが言われた意見は、こういう方法では可能性はありませんかね」
- 「社長、その考え方を具体化するには、誰が、何を、どうしたらいいですかね」
- 「社長、それを行動に移すには、まず第1段階として、どんなアクションが必要ですか」
- 「それは誰がしたほうがいいですか」
- 「それはいつまでにしないと、困りますかね」
- 「社長、それを実行するには、まず何から実施しますか」
- 「具体的にはどのようにするのですか」

このように、参加者が言った意見をイメージがしやすいように、意見の背景が聞けるように質問するのです。

4. 「機会」の捻出を誘導する質問

「SWOT分析で何がもっとも難しいですか」と聞くと、ベテランの経営コンサルタントでさえ、「機会・可能性の誘導が難しい」と答える人が多いように思います。ましてや、コーチ側に業界に精通したノウハウがあれば誘導もできますが、あまりよく知らない業種では、一般論の機会の質問しかできないのが実状です。

たしかに、SWOT分析の現場で、「今後、どんな可能性がありますか」「これからの消費者ニーズはどうですか」といった質問をしても、厳しい現実はたくさん出てくるものの、明るい未来の話はなかなか出てきません。多くのSWOT分析で「機会」の内容が薄いのは、このあたりに理由がありそうです。

じつは筆者も、最初の頃のSWOT分析では同じような状況でした。参加者が「機会を具体的に言わない」と、お手上げ状態になってしまうのです。そのようななかで、参加者の一部から、「なんか事例や考え方の具体例って、ありませんか」という質問を受けることがありました。事例があれば考えやすいというのです。しかし、業種業界もさまざまで、知っている情報は、誰もが知っているような大企業の戦略ばかりで

す。自身が経験した中小企業の事例も業種が違えば、参考程度にしかなりません。
　そこで、これまでのSWOT分析事例などから、「機会」の捻出に使えそうな戦略ヒントを収集することにしました。これは実際のコンサルティング現場で経験した事例からのものが70％、あとの30％は専門書やメディア情報から学習したものです。
　それが本書で紹介した「機会」で使う「30のタラレバヒント」です。この「タラレバヒント」を使えば、参加者が勝手に、自社の業種に合わせて考えてくれます。SWOT分析コーチングの経験を積むことにより、そのタラレバヒントの具体例も豊富になり、説得力も増していきます。
　「タラレバ」とは、「かりにこんなことがあるとしたら、この業界や当社では、どんなことなら可能性がありますか」という意味の質問です。あくまでも「かりに…」なのですが、それが大きなヒントになるのです。SWOT分析では、参加者からの意見が少ない場合は、「機会」以外であっても、この「タラレバヒント」を使って、どんどん意見を出してもらうことが重要です。

5. コーチングしないコンサルタントの盲点

　SWOT分析の手法を使う専門職と言えば、やはり経営コンサルタントでしょう。経営コンサルタントは、自分の知識や経験をもとにSWOT分析を用いて助言・指導を行うのですが、ベテランであればあるほど、SWOT分析で出やすい1つの傾向があります。それは、「機会」も「強み」もきれいにまとめられており、クロス分析での固有戦略もしっかり導き出され、何も問題ないようなのですが、参加者の満足度が低いということです。これはどういうことでしょうか。
　多くの場合、満足度が低いSWOT分析は、経営コンサルタント主導で進め、ヒントも戦略案もコンサルタントがほとんど出し、参加者はそれに従っただけというケースです。参加者の意見が出ないので、その結果、コンサルタント主導になったのでしょう。
　もう1つの問題点は、コンサルタント主導だと、「コンサルタントの経験、知見」が優先されるということです。経験・知見とは、過去の出来事であり、コンサルタント自身に関わる出来事です。人は、「過去の経験則」から物事を判断しがちです。ですから、コンサルタントが自身の価値観に合わない意見をないがしろにし、自身の意見に近いものをクローズアップしてしまうのです。これでは、参加者主導型のSWOT分析とは言えません。
　経験が豊富なコンサルタントほど、主観や自身の価値観を抑えて、参加者の意見を傾聴すべきです。参加者が言う意見の背景、すなわち「Why」を聞くことでその真意を知り、その意見に他の参加者が乗ってこられるように議事をすることが、SWOT

分析コーチングというものはないでしょうか。

6. 言い換える・集約する

　SWOT分析の現場では、参加者からいろいろな意見が出てきます。SWOT分析コーチは、それを上手にコントロールしながら議事を進めます。

　SWOT分析は戦略を議論する場なので、専門用語が出たり、独特の商習慣・現場の慣例があったり、一般的な知識では「何を言っているのかよくわからない」という雰囲気を経験するかもしれません。

　SWOT分析コーチは、議事進行、書記機能ももっているので、議論を記載するときに、わからないまま記載すると、後から議事の展開がしにくくなります。そのようなときは、「それって、どういうことを意味していますか」「それを簡単に言うと、どんなことですか」と再度、聞き込みます。そして「今の意見を文章にすると、……でよいですか」と「言い換えた」表現で、意見を言った相手の確認を取ります。自分なりの表現に記載しなおすことで、コーチの議事がその後、スムーズにいくようになります。

　また、「機会や強み」で、それぞれの発表者が少し違う表現で似たような事柄を発表している場合、すべての意見を記述するとスペースの枠がなくなったり、整理収拾しにくくなります。そのようなときは、「集約」と「追記」が必要です。「その意見は、先に発表したAさんと同じ内容ですね。ただこのポイントだけを追記しておきます」などと、どんどん集約していきます。

　この「言い換える」「集約する」という作業は、SWOT分析コーチのスキルとしてたいへん重要かつ有効なものです。知らない業界だからといって、戦略分析において、コーチが議論から置いてけぼりを食らってはいけないのです。

7. 脱線状態から本題へ戻す

　SWOT分析では、長時間にわたって、さまざまな角度から戦略立案のための議論が行われます。検討の過程で脱線し、枝葉末節の話になったり、本題とは関係ない議題で盛り上がったりすることがあります。

　ブレーン・ストーミングの原則で言えば、闊達な意見交換はよいことですが、SWOT分析コーチには「議事をまとめて、戦略立案」まで指導するファシリテーター機能が求められます。いくら長時間の議論とはいえ、本題に関係ない話を長々とされては、時間配分ができなくなります。議論が脱線したときこそ、コーチの本領発揮です。

脱線しても、頭ごなしに「それは本題と関係ないので…」と言ってはいけません。ここで抑制をかけると、それ以降の大切なアイデアの芽を摘むことにもなりかねません。

そこで、どういう言い方で議論を本題に戻せばよいのでしょうか。ひとことで言うと、議論の一部に乗っかって、自然に本題に戻すのです。たとえば、関係ない出来事を参加者が話しているようなら、「その出来事から、どんな機会につながると感じましたか」など、少しでもSWOT分析関連のヒントにつげるようにします。そうすることで、参加者が「そうだった、SWOT分析の最中だった。えーっ、関連性となると…」と、考えてもらえればよいのです。

8. 最高責任者の意見の取り扱い

　SWOT分析検討会では、意思決定できる最高責任者の参加が条件であると本書でも述べています。最高責任者のいないSWOT分析では、「研修のため」や「プレゼンのため」の討議となり、実質的な戦略決定まで行き着きません。しかし、ここで悩ましいことがあります。

　出席した最高責任者（社長など）が現場状況や顧客状況を詳しく知っている人なら、議論もスムーズにいくかもしれませんが、管理畑の出身であったり、現場経験のない最高責任者の場合、問題が多いようです。最高責任者と他の参加者との意見が食い違ったり、最高責任者が自説を曲げないといったことが起こりがちです。このような状況で最高責任者が自説を押し付けようとすれば、他の参加者は黙り込み、白けた雰囲気になってしまいます。

　ただ、SWOT分析検討会においては、「機会」などでは誰の意見が正しいかはわかりません。したがって、特定の誰かに肩入れすることなく、まずはしっかり聴くことが大切です。

　とはいっても、最高責任者の意見を上手に重用しないと、後でクレームの引き金にもなりかねません。ここでの基本姿勢は、特定テーマについては、最高責任者の意見と現場意見を別々の意見として扱わず、「結合」して1つの意見にすることを意識します。

　「結合」は、とくにクロス分析の「積極戦略」などによく現れます。たとえば、「社長の○○の意見と部長の□□の意見は、どちらも△△についてですから、ここで併記していきましょう」などというものです。

　「機会」や「強み」の単品の意見は、そのまま記載してもかまいませんが、クロス分析では複数の意見から整理されることが多いので、そこで、最高責任者の意見を多目に用いることが必要な場合もあります。

9. 文章力を磨く

　SWOT分析コーチには、議事と書記機能が必須です。議事は話し言葉ですが、書記機能は文章になります。難しい文章ではなく、箇条書きスタイルですから、誰でも書けるはずです。しかし、箇条書きといっても、「一文でわかりやすく、意見を表現する」ことがポイントですから、ただ文字を並べればよいというわけではありません。箇条書きでは、「後から見てわかる」ような表現がよいのですが、「単語の羅列」の箇条書きでは、後日何を言っているのかわからず、「使えない箇条書き」になってしまいます。

　そこで、箇条書きで大切なことは、「主語……述語」で書くことです。ただし、このように書くためには、参加者にこのように言わせなければなりません。

　したがって、「今の意見は、誰が・何を・どうする、と書けばよいですか」と、確認しながら入力していくのです。箇条書きは30文字以内にして、それ以上になる場合は、箇条書きを増やしていきます。

　箇条書きの文章力を身につけるには、日頃からそういう書き方を意識していれば、その表現に相応しい適切な言葉も出てくるでしょうし、"長々として文章にならない"ような配慮も自然とできてくるはずです。

　SWOT分析コーチをするには、SWOT分析以外の会議や研修、面談で、「聴きながらノートパソコンに入力」する習慣をつけることも肝要です。ベテランクラスになると、入力する指が思考の結果を待つより早く動き出すと言います。それくらいになれば、議事、書記機能は意識しなくてもできるレベルになったということでしょう。

10. SWOT分析を提案する

　SWOT分析コーチは、経営コンサルタントはもちろん、研修インストラクター、会計事務所職員、社労士など企業の経営戦略に携わりたい方が対象になります。また、企業内だけでSWOT分析を行う際には、経営者や経営幹部がコーチになる場合もあります。

　SWOT分析が必要なポイントについては、第Ⅰ章「4．SWOTはこんな企業に『答えと方向性』を導き出す」で述べていますが、問題はそれをどう受注するかです（企業内の場合は社内に提案）。

　一般的には、すでにお付き合いのある企業経営者に提案することが常道だと言えます。その際に、経営コンサルタント以外の職種が、いきなり「SWOT分析をして一緒に経営戦略を立てましょう」と言っても、経営者は違和感を覚える可能性がありま

す。「なぜ、あなたがするのですか、専門家でもないのに…」と。

　おそらく、相手の経営者は、「SWOT分析のような戦略立案ツールを使いこなすには、それなりの経験がある人でなければならない」と思っているはずです。たしかに、戦略立案を目的として正式なSWOT分析を行うなら、誰でも彼でも、というわけにはいきません。

　では、専門コンサルタント、インストラクターや会計事務所、社労士がSWOT分析を提案するには、どういうポイントでお話しすべきでしょうか。

　まず、経営者にSWOT分析を知っているかどうかを確認し、知らなければ本書の内容をかいつまんで説明します。そして次に、軽い感覚で、「社長、自社の【強み】と今後の【可能性】を言い合いしながら、少し自信を持たせる1日会議をしてみませんか。私が司会をしますから、いろいろ意見を出し合って、皆で未来を考える機会をつくったらどうでしょうか」と、提案してみてはいかがでしょうか。

　最初から「SWOT分析で戦略立案」とハードルを高くせずに、実務から離れた会議で未来を考えようというほうが、相手も身構えずに応じてくれます。ただし、最初は少人数の検討会から始めるのがよいでしょう。

11. SWOT分析からモニタリング契約へ

　SWOT分析検討会自体は、単発のコンサルティング・サービスです。支援料としておカネをもらえても、大きな金額にはなりません。また、せっかくSWOT分析をしても、それだけで終わらせると、ほとんどの中小企業が「それっきり」にしてしまいがちです。

　そこで必要になるのが、本書の第Ⅳ章で述べた「SWOT分析後のフォロー」まで入り込み、SWOT分析の進捗状況に関与するということです。

　SWOT分析後にアクションプランが作成されます。このアクションプラン作成にもコーチとして関与します。アクションプランに沿って、仮説検証のヒアリングや再検討会が行われ、さらにアクションプランの修正が行われます。アクションプランの進捗チェックと議事、書記を別途契約（有料）で行うことをモニタリング・サービスと言います。

　SWOT分析検討会で議事、書記をしたということは、その企業の戦略づくりに足を突っ込んだということですから、モニタリングすることはごく自然な成り行きです。それにより、許容範囲を超える費用がかかったとしても、です。

　SWOT分析検討会をかりに無料サービスで実施するなら、モニタリング込で有料の提案をすべきです。最初の段階で有料というと、二の足を踏む可能性がありますが、実際にSWOT分析検討会が有効に機能したら、遠慮せず、モニタリングは有料提案

してみることです。

12. とにかく、明るく笑いながら議事進行

　SWOT分析は、「未来のための戦略」を決めることです。とくに積極戦略に重点を置いていることは本書で何回も述べているのでおわかりいただけたと思います。

　「未来のための戦略」を検討するには、知識や経験、ノウハウではなく、根本的な能力が必要になります。それは「明るくSWOT分析検討会を運営する」ことです。SWOT分析の定義は、「ワクワクするような」「前向きな」戦略をつくることですから、苦虫を噛み潰したような表情は似合いません。

　クロス分析の「致命傷回避・撤退縮小戦略」を具体化するときは、たしかに神妙な面もちにもなるでしょうが、それ以外は原則、「笑い」がなければなりません。「笑い」があればリラックス効果が出て、よいアイデアも浮かびます。「笑い」が出るかどうかはひとえに、SWOT分析コーチの人間的な器にかかっています。

　「笑い」とは、ギャグを言うことではありません。前向きな議論なら、必ず「笑い」が生まれるのです。その「笑い」を素直に受け止め、議事司会者も笑い、時には脱線することも必要です。

　今、多くの企業で「会議改革」が進んでいます。従来のように、会議室で、椅子に深々と座り、煮詰まった表情で議論していては、新たな発想も、他人の意見に寛容になる度量も出てきません。どんな意見にも「会社を大きく発展させる珠玉の策」の可能性があるのです。

　SWOT分析では、リラックスできる状況をつくり、「脱線はOK」「冗談もOK」「意見の相乗りもOK」「他人の意見への否定はNG」「別にありませんはNG」など、自由に意見を言える雰囲気にして議論を展開します。そして、検討会が終わって会議室を出るときには、笑いがあちこちから出てくる、自信とやる気に満ちた笑顔になるようにできるのが、優れたコーチと言えるでしょう。

《著者略歴》

嶋田利広(しまだ・としひろ)

1962年、大分県日田市生まれ。熊本商科大学(現熊本学園大学)卒後、経営コンサルタント会社に就職。1999年、アールイー経営(RE－経営)を設立、代表取締役に就任。経営コンサルタント歴27年。産業カウンセラー。

九州を中心に中小企業、病院・介護施設、会計事務所などの経営診断、経営計画、役員教育、戦略アドバイス等のコンサルティングなど、100超のSWOT分析指導、700人超の管理者教育の実績をもつ。7年以上の長期経営顧問先が多く、多くの経営者から「軍師」と呼ばれる。また、「わかりやすい」「面白い」「リズミカル」「即実践できる」講演には高い評価がある。

著作は『中小企業のSWOT分析』(2009年)、『SWOT分析による経営改善計画書作成マニュアル』(2010年)、『介護事業経営コンサルティング・マニュアル』(2013年)、『経営承継を成功させる実践SWOT分析』(2017年)、『SWOT分析を活用した「根拠ある経営計画書」事例集』(2020年2月、以上マネジメント社刊)など多数。日経ビジネスアソシエ(日経BP社刊)の「ビジネスプロフェッショナルの教科書」に、SWOT分析カテゴリーで唯一取り上げられる。

■株式会社アールイー経営
　公式ホームページ
　　http://www.re-keiei.com/
　経営ノウハウと教育研修(DVD/CD)専門　RE－経営オンラインショップ
　　http://re-keiei.shop-pro.jp/
　ブログ「経営コンサルタントの現場報告」
　　http://re-keiei.jugem.jp/

■無料メルマガの定期配信(月1～2回)
　経営者・管理者向けメルマガ《日本一分かりやすい中小企業の経営戦略と幹部教育》
　　http://www.re-keiei.com/e-mail-magazine/mail-3.html
　会計事務所向けメルマガ《ブログでは書けない【マル秘】会計事務所経営のカン・コツ・ツボ》
　　http://www.re-keiei.com/e-mail-magazine/mail-1.html
　病院・介護施設向けメルマガ《ブログでは書けない 病院・介護施設の本音の人材育成と組織づくり》
　　http://www.re-keiei.com/e-mail-magazine/mail-2.html

SWOT分析 コーチング・メソッド

2014年 7月20日　初　版　第1刷発行
2020年 7月25日　　　　　第4刷発行

著　者　　嶋田 利広
発行者　　安田 喜根
発行所　　株式会社 マネジメント社
　　　　　東京都千代田区神田小川町 2-3-13 (〒101-0052)
電　話　　03-5280-2530(代)　FAX　03-5280-2533
　　　　　http://www.mgt-pb.co.jp
印　刷　　㈱シナノパブリッシングプレス

©Toshihiro Shimada　2014　Printed in Japan
落丁・乱丁本の場合はお取り替えいたします。
ISBN978-4-8378-0469-7 C0034